プロをも輩出する
中学野球チーム

「上一色《かみいっしき》」の㊙育成法

中学“日本一”の名将による
「実力を伸ばす」指導論

西尾弘幸
上一色ベースボールクラブ

ベースボール・マガジン社

はじめに

２０２４年3月末、私は人生の大きなターニングポイントを迎えました。勤務していた江戸川区立上一色中（東京）を辞め、44年間続けてきた中学校の教員生活に区切りをつけたのです。もちろん、自身の今後のことなどもいろいろと考えて決断に至ったわけですが、66歳（60歳で定年後は再任用）という年齢も含めて、ちょうど良いタイミングだったと思っています。

そして、ここでもう1つ、大きな決断をしました。それまでは野球部の顧問をずっと務めていましたが、新たに中学軟式野球のクラブチーム「Ｋ１ＢＣ（かみいっしきベースボールクラブ）」を立ち上げたのです。

近年、学校教育の現場では少子化に加えて、教員の長時間労働による負担などが問題となり、部活動の在り方が常に議論されてきました。その後、23年度からはスポーツ庁と文化庁が作ったガイドラインのもとで、部活動の「地域移行」（部活動を学校から地域のクラブ・団体へ移行すること。現在は〝地域展開〟へ改称）がスタート。まずは3年間かけて段階的に改革を進めていき、その後の6年間で実行していくという流れになっています（23〜25年度が改革推進期間、26〜31年度が改革実行期間）。この話がちらほらと聞こえ始めた頃から、私は「この先、上一色中野球部をどうやって存続させればいいか」と考え、クラブチーム設立を思い描くようになりました。

ちなみに、私たちの場合は幸いにも部員数に恵まれている環境で、現状では野球部がそのままクラブチーム化しただけ。所属するメンバーは上一色中の野球部員ですし、活動方針や練習メニューなどに変更があるわけでもありません。ただ、それでも運営の仕方は大きく変わります。

今のところ、「地域移行」はひとまず公立中学校の運動部の休日が対象になっているため、平日は学校の野球部、休日はクラブチームとしてそれぞれ活動。ですから、子どもたちは平日と休日でユニフォームなどを使い分けています。また部活動は基本的に無償でしたが、現在は新たにクラブチームとしての活動費を払ってもらう形にもなっています。そして私の立ち位置で言うと、平日は「学校の部活動指導員」で、休日は「クラブチームの指導者」。そんな違いもあります。

ただし――野球部だろうとクラブチームだろうと、根本にある指導方針がブレることは絶対にありません。私がこれまでずっと貫いてきたのは、「先の世界を見据えた指導をする」ということ。選手としても人としても、それぞれが進んだ先でしっかりと通用する人間になってほしい。常にそういう想いでグラウンドに立っています。

本書では、そんな私が指導者として大切にしてきたこと、子どもたちを育てるためのポイントなどを、思いのままに綴っています。多くのみなさんにそれを知っていただき、全国の中学校、また中学野球界の今後の活性化に少しでもつながればありがたいと思っています。

西尾弘幸

「先の世界を見据えた指導が
大事になってくる」

CONTENTS

第2章 自身の歴史と指導の変化

第3章 強いチームを作る考え方

CONTENTS

第4章 高校につながる技術の習得

第5章 今後の中学野球が担う役割

協力／江戸川区立上一色中学校軟式野球部
上一色ベースボールクラブ
装丁／金井久幸［ツー・スリー］
本文デザイン／横山みさと［ツー・スリー］
写真／齋藤豊
構成／中里浩章

第1章

指導方針と中学生へのアプローチ

目の前の結果や評価にとらわれず子どもたちの将来を見据える

これまでの指導者人生において、私は心の中にずっと大きな柱を立ててきました。

――子どもたちの将来につながる指導をする――

常にこの想いを胸に抱き、子どもたちには「今がゴールじゃないんだよ」と言い続けてきたのです。言葉だけとらえるとたまに勘違いする子も出てきたりするのですが、これは決して、今は頑張らなくても次のステージで頑張れば良い、ということではありません。特に野球に関して言うと、まずは一人ひとりが練習や試合に全力で取り組み、自分が少しずつ上手くなっていく喜びを感じること。日々の成長を感じ取っていくこと。その積み重ねこそが高校や大学、また社会に出たときに生きてくるのだと考えています。

当然、人間なのでたくさん失敗することもあるでしょうし、挫折することもあるでしょう。しかし、大切なのは「今頑張っていることがその先に必ず生きるんだ」と思えるかどうかです。子どもたちが壁に当たったとき、私が言うのはとにかく「先のことを考えてやろう」。もちろん、しっかりと成果が表れたときには素直に喜び、それを自信にしていくことも大切なのですが、基本的には目の前の結果や評価にとらわれるのではなく、それぞれが自分の将来を少し長い目で見られるようになってほしいと思っています。

それを踏まえると、指導者としてはまず生徒一人ひとりのことを把握し、しっかりと向き合っていくことが大切になります。この部分では長年、教員として部活動を受け持つという形に大きなメリットを感じていました。普段から自分が学校にいるので、子どもたちの生活面から見ることができる、という点です。

特に私が指導してきた上一色中の場合、野球部の人数が多くて存在感も強かったため、野球部員は学校の中で「何年何組の誰々」というよりも「野球部の誰々」として見られている雰囲気がありました。ですから当然、誰々の授業態度が良くないとか、誰々は家庭のことでいろいろな悩みを抱えているとか、目が届かないところの情報が顧問の私の耳にはよく届いていました。また中学生という年代は思春期でつかみどころが難しく、日によって心の浮き沈みがあり、もっと言えば時間帯によっても気持ちが変わってくる。そんな細かいところまでクラス担任や同じ学年の先生たちが伝えてくれるので、その日はどういうモチベーションで野球をしているのかも分かりましたし、グラウンドでの指導にも大いに役立っていました。

一方、2024年4月以降は私が学校を辞めてしまったため、子どもたちの生活面を見ていくことはできません。学校には顧問の飯塚理先生と升谷衛先生が残っているので、まったく分からないということはないのですが、情報量は間違いなく減りました。

ただ、これは一長一短だと思っています。

そもそも私は5年前まで生活指導主任をしていたこともあり、学校では少なからず「厳しくて怖い先生」として見られていた部分があります。そして、野球部の生徒について「西尾先生の前ではちゃんとしていますが、実はクラスでは……」といった類の報告もしょっちゅうありました。その手の情報の多くはやはりマイナス面。それに対して私はいちいち指導し、一人ひとり、生活態度から見直すように諭していたのですが、そうなるとグラウンドで何か失敗したときも「授業をちゃんとやらないからダメなんだ」「生活面がプレーのミスにもつながってくるんだ」と、野球と普段の生活をすべて結び付けるようになっていきます。また過去には、学校でこういう問題を起こしたから試合には出さないとか、夏休みの宿題をやっていなかったから部活動に出るのは禁止だとか、徹底してすべてを1本の線につなげていた時代もあります。

もちろん、その考え方は人としてすごく大切なことです。しかし、どうしても厳しく叱ったりすることも増えるので、子どもたちは部活動になってもまだそれを引きずるというケースが出てきます。

そういう意味では、学校を離れた現在の私と彼らの関係性は、シンプルに野球を通じた付き合いのみ。私からすると、それがすごく新鮮でした。以前は、たとえば誰が何の委員会に入ってどういう取り組みをしているとか、そういう部分まですべてチェックしていたのですが、今はまったく分からない。でも、逆にあえて聞かないことで、野球以外で頑張っていることは切り離して、チーム内での様子だけをフラットに見られているような気がします。

また子どもたちにとっても、今までは学校でも何となく私に見張られているような感覚があったと思うので、少し楽になったのではないでしょうか。自分の悪いところがあまり知られていない状況だからこそ、グラウンドでは生活面にとらわれすぎず、気持ちを切り替えて野球に集中できる。そういうメリットはありますし、実際に子どもたちの姿からは「グラウンドでしっかり頑張ろう」という意識を感じています。

〝怒る〟から〝諭す〟へ現代の子どもへの指導

先ほども言ったように、私は学校では生徒から「厳しくて怖い」という印象を抱かれることがよくありました。長年の積み重ねによって出来上がったイメージはなかなか消えないもので、おそらく事前に「あの先生を怒らせたら怖い」などと噂を伝え聞いたりしているのでしょう。ただ私のほうでは、実は年々、アプローチの仕方を変えています。

一番大きいのは、近年は全然怒らなくなったという部分です。昔は、生徒が何か悪いことをすれば頭ごなしに怒鳴ってしまうこともありましたし、事あるごとに厳しくガミガミ言っていました。しかし、ここ10年くらいは「怒る」というよりも「諭す」という感覚。もちろん、ときにはその子の将来のためにビシッと厳しく叱ってあげなければならない場面もあるのですが、頭の中では常にフォローすることを前提に考えています。

分かりやすく言うと、昔のやり方は怒りっぱなし。ガッと声を荒げて言い聞かせたら、そのまま本人に反省させて時間が解決するのを待っていました。一方で今のやり方は、最初に悪いところをビシッと指摘した後で「なぜ叱っているのか」という理由まで細かく説明。そして、最後は「せっかく部活動は頑張っているのに、こんなことやっていたらもったいないだろう」とか「お前はやればできるじゃないか」と、必ず前向きな言葉を掛けています。

年齢を重ね、また社会情勢も変化していく中で、子どもたちへの接し方は少しずつ変わっていきました。時代に合わせた指導をすることが大事だとよく言われますが、本当にそうだと思います。今の子どもたちは10年前の子とは明らかに違いますし、5年前の子と比較してもまた違う。私に限らず、現場にいる先生方はそれを肌で感じています。

ちなみに最近の子どもたちについて言うと、なかなか人に心を開かない傾向が強く、内面を判断することが非常に難しくなっています。10年前などは逆に気持ちがそのまま態度や行動に表れる傾向が強かったため、たとえば悪さをしそうなタイプもすごく分かりやすかった。少し道を外れそうな子はだいたい公園にたむろしていたもので、だから「怒る」というやり方でこちらが感情をぶつけると、分かりやすく反省の色も見えていました。

ところが今は10年前よりも確実にスマホと一緒に生きる時代になっており、SNSが発展し、子どもたちが本音を出すのはネット上。しかも、２０２０年からのコロナ禍で室内にこもることがさらに増え、行動を見て分かる部分がかなり減ってきたように思います。感情をまったく伝えないわけではないのですが、学校での顔、家での顔、SNSでの顔……それぞれで違う自分を使い分けていて、普段の学校生活を見ても表面上では判断できないのです。特に野球部以外の生徒とは接する機会も少ないため、「今はこういう態度を見せているけど、本当はどういう子なんだろうな」と考えていました。

それで言うと、野球部の子に関してはグラウンドで一緒に過ごしている時間がある分、実際はどういう子なのかという根っこの部分が少し見えてきます。それが〝学校用〟とは別の〝部活動用〟の顔だったとしても、やはり彼らも好きなことをやっているわけで、すごく頑張っていることのほうが多い。特に現在はもう伝統が形作られてきたこともあり、グラウンドでサボろうとする子がほとんどいない状況なので、学校生活が疎かになっているという情報が耳に入ったときは「え？　野球ではあんなに頑張っているのに？」と驚くことさえあります。

ただ、中学生というのはやはりまだまだ子ども。グラウンドでいくら一生懸命にやっていても、教室に戻るとダメになってしまうというケースは多々あります。これは実は個人の問題だけではなく、その子がいるクラスや学年が全体で作り出す雰囲気なども大きく関係してきます。集団の中で過ごしていると、たとえば「野球部は頑張る場所」「クラスは仲間と楽しくふざける場所」というふうに、どうしても周りの雰囲気に流されてしまいやすいのです。あるいは同じ場所であっても、先ほどの〝顔〟の話のように「この先生の前ではちゃんとやらなきゃいけない」とか「この先生のときは叱られないからサボっても大丈夫」と態度を使い分けていることもあります。

したがって、全然怒らなくなったとは言え、ただ放任して見守るだけでは良くならない。やはり子どもたちへの指導は不可欠です。そして、もちろん保護者にも報告し、家庭でのフォローをお願いしています。長年の経験で感じているのは、普段の生活がいい加減な子は野球においても大事なところでその部分が出てしまい、ここぞという場面で踏ん張れずに諦めたり、大きな失敗をしたりするということ。結局は同じ人間がやるわけですから、何かに取り組む姿勢というのは自然とすべてにつながってくるものなのです。

A・B・1年生の3チームに分け中学3年間を見通して選手を育てる

子どもたちの将来を考える上では、一人ひとりをしっかりと見てあげられる体制を作ることも必須です。

私たちのチームは人数が多く、3学年合計だと毎年だいたい80人前後の大所帯になります。平日の練習は校庭で行うのですが、十分なスペースがあるわけではなく、全員でキャッチボールをすればギュウギュウの状態。ですから普段はスペースを上手く活用した練習を心掛け、休日は河川敷のグラウンドの予約を取って実戦練習や試合などを行うというスタイルが基本になります。当然、そうやって目まぐるしく動く中で選手全員を私が細かく見ていくのは物理的に難しいので、4月に1年生が入学してから3年生が引退する夏までは、Aチーム、Bチーム、1年生チームと3つに分けて活動。私を含めたスタッフ8人をそれぞれに振り分けるようにしています。

私が担当するのは3年生を中心とした25人程度のAチーム。大きな大会に出場する、いわゆる〝主力〟です。だからと言って、Bチームにいる2～3年生と接する機会がまったくないわけではありません。AとBは普段、校庭にしても河川敷のグラウンドにしても同じ場所でスペースを分けて練習をすることが大半なので、ちょこちょこ様子は見ています。また、基本的にバッティングの技術指導は私が受け持っているので、Bチームの選手のバッティング練習などはしっかりと見ています。

1年生チームに関しては外部から来てもらっている担当コーチ2～3人にお任せしている状態。新チームが始まる夏までは、1年生を直接指導する機会はほとんどありません。ただし、状況をまったく把握できていないと困るので、むしろ指導者間ではかなり頻繁に連絡を取り合い、しょっちゅうミーティングを開いて情報を共有しています。

選手を育てるためには、最初の土台づくりが肝心だとよく言われます。では1年生のうちは具体的に何を重視しているのかと言うと、まず月2～3回のペースでトレーナーの指導日を設けているので、そこに参加して体づくりや体の使い方などの正しい知識を身につけてもらいます。またチーム全体の共通認識は担当コーチにもしっかり伝えていて、中学生としてこういう人間になってほしいという部分――たとえば爽やかなあいさつ、周りへの気遣い、いろいろなことへの気付きなどは意識させていきます。チームの方針や心構えなどの大事なことは一応、入部するときから紙にプリントして何度か渡していますが、基本的には読まれないことがほとんど。ですから最初にミーティングなどを開いてしっかり教え込むというよりも、練習をしていく中で少しずつ学ばせていくことのほうが大事かなと思っています。

あとは練習で野球のプレーの技術を高めていけば良いのですが、ここのやり方についてはすべてお任せ。コーチ陣には「みんなで相談しながら、やりたいようにやってください。教える内容や教え方が私とは違ったとしても全然構いません」と言っています。この段階ではまだ、1年生が普段どういうことをやっているのか、私が把握さえできていれば良いのです。そもそも指導に正解はないですし、私と違う指導の中から良い感覚をつかむことだって大いにあるわけで、入部した瞬間から今まで築いてきた「上一色」のカラーに染めようなどとはまったく思っていません。担当コーチからは常に「今はこういうことを教えようと思っています」と文章でも伝えてもらっているので、それを私がチェックして少し補足するくらいですね。とにかく大事なことは、情報をしっかりと共有し、中学3年間を見通して育てていくこと。学年が上がれば最終的にはみんな私の指導を受けることになるので、押し付けなくても「上一色」のカラーは自然とついてくるものだと考えています。

さて、夏に3年生が引退したら3つのチームはいったん解体し、1~2年生をAとBに振り分けていきます。このときには指導者のほうも編成が少し変わり、それまで1年生チームを見てきたコーチは、チーム状況なども踏まえてA・Bのどちらへ行くかを話し合います。その上で、翌年の4月にはまた1年生チームを担当してもらうという流れです。そして、私は夏以降も変わらずにAチームを見ていきますが、1年生とはこのタイミングで接点が出てきます。基本的には全員Bチームとしていて、バッティングに関してはしっかりと指導する。ここから、少しずつ「上一色」の野球を教えていくわけです。

なお、私がバッティングを担当するのは「打ち勝つ野球」を標榜しているためですが、守備に関してもこだわりがないわけではありません。ただ、他のスタッフはみな高校、大学と野球を経験してきた人たちなので、特に基本の積み重ねが大事になる守備の技術指導には、大きな信頼を置くことができます。もちろん人それぞれ考え方の違いはあって、たとえば捕球1つにしても、応用が利くように最初から片手で捕ることを勧める人もいれば、確実性を重視して両手で捕ることを徹底したい人もいます。しかし、その答えは1つではなく、いろいろ教えてもらえるのはむしろ子どもたちにとってもすごく良いこと。だからこそ、私はここでもやはり「それはウチのやり方とは違う」と否定するのではなく、コーチ陣の考え方をいったん受け入れた上で、「こういう方法もあるよ」と自分の色を少しずつ入れていくようにしています。

全員が同じ練習をすることでモチベーションを高くする

中学生というのはものすごく多感で、ちょっとしたことでも心が揺らいでしまう年代です。私たちのように新チーム結成の段階からAとBにハッキリとチーム分けした場合、Bチームになった子たちは「あぁ、もうレギュラーにはなれないんだ」とか「自分はチームとは関係ない」「先生から見放されている」といった感情になりがち。さらに大会が近づいて休日にAチームだけで遠征に出たりもすれば、なおさらでしょう。

ただ、私が目指しているのは将来を見据えた指導であり、それぞれの選手が中学卒業後に進んだ先で活躍できるようにすること。Bチームになったからと言って子どもたちのモチベーションが下がってしまうようでは、成長にはつながりません。

だからこそ、基本的にはAだろうとBだろうと全員が同じ内容の練習をするようにしていますし、その中身も「これをやれば誰もが一定のレベルまでは行ける」というものでなければならないと思っているので、練習メニューは常に追求して良いものを提供しています。またAチームの練習中もBチームの様子は見ておき、ときどき声を掛けたりもして、バッティングにおいてはAもBも関係なく付きっ切りで指導。練習試合にしても、A戦だけではなくB戦もできる限り組んでいます。さらに3年生に関しては全員と面談をし、進路相談なども含めて「一対一」で向き合うようにしています。

そして私がいつも言い続けているのが、「今（中学野球）がゴールじゃない」。特に中学生の場合、身体的な成長の度合いが人それぞれで大きく違うため、どうしても体のサイズによって力の差が出てしまいます。それがそのままスローイングや打球の強さなどに反映され、レギュラーになれないというケースは多い。また一方では、体格に恵まれてパワーやスピードを備えながらも、野球の動きがあまり上手ではないという子もおり、必ずしも能力が高いからレギュラーになるというわけではありません。とにかくいろいろな要素を踏まえてレギュラーやAチームのメンバーを決めているのであって、逆にそこに選ばれたからと言って将来的に活躍できるとも限らない。あくまでも目の前の大会に勝つためのメンバー選考であり、そこから外れたとしても、その先の可能性を断たれたわけではないということはしっかりと言い聞かせています。

そもそも、私は野球が上手い子を順番にAチームへ入れているわけではありません。もちろん、試合をする上で「実力的に間違いなくチームの中心選手だろう」という子はAに入りますが、それを除けば、基準としては「一緒に戦っていく上でチームにとって大きなプラスになるかどうか」。そのために、主将や副主将などのリーダーに意見を聞くこともよくあります。

西尾　「○○のことはどう思う？」

主将　「アイツは、野球はそんなに上手くないかもしれないけど、練習の準備とか片付けとか、何でも率先してやってくれているんです」

副主将　「学校でもグラウンドでも、アイツはいつもすごく真面目に頑張っています」

たとえばそういう人柄の部分なども参考になります。周りから本当に信頼されている子というのは、見えないところでチームをしっかりと支えてくれるからです。逆に言うと、野球は上手いんだけれども自分勝手な行動が多いとか、どうしても学校生活が疎かになっているとか、そういう子を実力だけで評価してAチームに入れると、組織として上手く回らなくなってしまうこともよくあります。つまり、チームとしてのバランスをしっかり考えてメンバーを決めているということです。

だから実はBチームには、Aチームの選手よりも野球の能力が高い子もいれば、今後の成長を考えると伸びしろが期待できるという子もいます。そして複数チームが出場できる大会にエントリーすると、Bチームが上位に勝ち上がったりもするのです。

実際、24年春のとある大会では上一色中Aが優勝したのですが、上一色中Bは接戦で敗れてのベスト8。あるいは他県の強豪チームと練習試合をしたとき、相手がほぼ同じメンバーにもかかわらず、AとBで試合結果にあまり差がないということもありました。

結局、AもBも普段から練習や試合を同じようにやっていますし、自信を持って練習メニューを提供できているので、一生懸命に取り組めばちゃんと上手くなるし、強くなるわけです。過去、中学時代はずっとBチームだったけれども高校へ行ってレギュラーになった、という卒業生はたくさんいます。また、Bチームにいながら高校のほうから野球推薦の声が掛かり、早い段階で進学先が決まってしまう子もいます。あるいは戦力としてメドが立てば、途中からAチームに引き上げることもある。いずれにしても私がBチームの練習を見る限り、みんな不貞腐れたりはせずに必死に取り組んでいます。そういう雰囲気で全体を回せているという部分は、私たち「上一色」の大きな強みと言えます。

普段は選手に近寄りすぎず個別の相談にはじっくり対応

Bチームの子に対する私のアプローチの仕方は説明しましたが、ではAチームの子に対してはどうなのか。もちろん25人程度であればわりと集中して見ることができるので、普段から一人ひとりとしっかり向き合っていくのですが、選手というのは人によって伸びる時期が違います。したがって、その子が伸びるタイミングというものを意識し、ここぞというところを見極めて「もう少しこうやってみたら良いんじゃない？」とアドバイスを入れたり、「いい感じだ」「良くなっているぞ」と声を掛けて背中を押していきます。

ただ基本的には、1歩引いたところから全体を見守るスタンス。こちらからはあまり積極的に近寄っていかないようにもしています。と言うのも、距離感が近すぎるとどうしても過剰にアドバイスをしてしまい、選手もそのことだけを気にしてしまうのです。たとえば、つい熱が入って「なんでそんな変な打ち方をしているんだ。それは違うよ」なんて指摘しようものなら、その部分を直すことだけに固執。バッティング練習が2時間あるとしたら、間違いなく2時間ずっと変な状態のまま終わってしまいます。だからこそ、声を掛けるタイミングと伝え方が重要です。

一方で、個別で相談に来たケースについては、かなり時間を掛けて対応しています。私への相談はバッティングのことが多いのですが、悩みを聞き、動画を撮ってあげて、ピンポイントで課題が分かるようにきっちり説明する。場合によっては分解写真などにして、数時間掛けてデータを作って送ることもあります。強い想いを持ってわざわざ私のところへ来てくれたわけで、その気持ちにはやはり応えてあげたいと思っていますね。

なお、最近は練習メニューについて「これをやっていれば絶対にできるようになるよ」と伝えていることもあってか、子どもたちもそれで良いと思っていることが多く、私のところへ質問しに来ることが少なかったりもします。しかし、自分から進んで人に何かを聞きに行くというのも大事なこと。実際、全国大会（全日本少年軟式野球大会）で初優勝を果たした22年夏の世代の子たちなどは、振り返ればよく「先生、これができないんですけど……」と積極的な姿勢を見せてきていました。教えてもらえるまで待っているようではなかなか成長できない。それも、私が子どもたちに促している部分です。どういう子たちが集まったのか、その学年によって雰囲気も違うのですが、何事にも真面目で良い子たちなんだけどなかなか前に出て行けないというのは、現代には多い傾向かもしれません。

もちろん、私のところへ聞きに来ることがすべてではありません。今は世の中にいろいろな情報が溢れている時代ですし、ネット上でも野球の技術や練習法の動画などがたくさん紹介されており、そこに興味を持って自分で試行錯誤しようとする子もいる。その姿勢もまた素晴らしいと思います。

ただし、気を付けなければならないのは、見よう見まねで採り入れるのは危険だということ。私も実際、さまざまな理論を勉強するためにいろいろな人のところへ足を運んで話を聞き、指導の様子なども見てきましたが、「これは良いな」と思いながらも「中学生に落とし込むのは難しいだろうな」と感じることが多いです。また、ある動画を上げている人に会いに行ったときには、本人が「この技術は誰にでもできるわけじゃなくて、レッスンしないと難しい」と言っていました。そういう声も子どもたちには伝えますし、「中途半端にやろうとすると失敗するよ」と。バッティングで言えば、「どうしてこの球が打てないんだろう」と考えることは良いことですが、そのために根本的なスイングまで変えていこうとすると大きく崩れてしまう。ですから試行錯誤する場合はあくまでも、今取り組んでいる課題と照らし合わせること。その上で、どうすれば上手く修正できるかという部分を考えることが重要です。

そうなってくると、選手が自分の知識だけできっかけをつかんでいくのは理想的ですが、すごく難しいものだと思います。たとえば、私のところには今でもOBの高校生や大学生からよく連絡が来ています。高校から先の世界に行くと、基本的には手取り足取り教えてはもらえません。そこはもちろん自分で考えて解決する能力が求められるわけですが、彼らが口を揃えて言うのは「自分ではこうやって動いているつもりでも、実際にはそうなっていない」。また、「自分のプレーを動画で撮ってもらって分析してみたけど、それが正しいかどうか分からない」と。だから「ここまではできているると思うんですけど、先生はどう思いますか？」と私のところへ動画を送ってきたり、オフの日にグラウンドへ来て「ちょっと見てください」とバッティングをしたり……。高校生や大学生でもそうやって迷いながらヒントを探しているわけで、中学生の時期はまだまだ大人を頼っても良いのかなと思っています。

できるだけ試合を組んで個々の成長を実感させる

Ａチームの子の場合も、やはりモチベーションの部分で気を付けなければならないことはあります。

たとえばＢチームから選手を引き上げる際、入れ替わりでＡからＢへと選手を落とすと、大きなショックを与えることになってしまいます。ましてＡのメンバーはそもそも野球の実力だけでなく、取り組む姿勢なども大きく加味して選んでいるので、今さら能力を判断基準にして落とすわけにはいかない。また、そういう子の場合はたいてい保護者もかなり熱心にグラウンドへ来ていて、親子ともども厚く信頼されているので、チーム全体のバランスを考えても簡単なことではありません。ですから、基本的に最初はAのメンバーを20人程度と少なめにしておいて、AとBの入れ替えではなく、Bからその都度メンバーを追加するという形を取っています。

とは言え、Aの中でもやはり競争はあります。顕著なのは大会におけるベンチ入りメンバーの選考。全日本少年軟式野球大会（＝全日本少年）の予選ではベンチ入りが25人となっていますが、全国中学校軟式野球大会（＝全中）に向けた都大会は20人、関東大会からは18人。つまり、必ず脱落するメンバーが出てくるのです。このときはもちろん、しっかり本人と話をしてフォローをします。また、試合のときだけはスタンドから応援することになりますが、本人の希望があれば、基本的には宿泊なども含めて一緒に行動する。Aチームの一員であることに変わりはありません。

それとチーム内の競争では負けてしまったとしても、野球の実力が大きく伸びていることは間違いない。その成長を実感してもらうためには、Bチームの話でも触れたように、レギュラー・控え・ベンチ外を問わず試合をしっかりと経験させることが大切です。練習試合の多くは同じ相手と2試合を組むのですが、1試合目にレギュラーを起用したら、2試合目は対戦相手がそのままレギュラークラスを使ってきたとしても、こちらは必ず控えメンバーを出します。もちろん、相手への失礼に当たらないように「ウチは控えの子でも良いでしょうか」と断りを入れます。また練習試合を組んでいない日でも、休日は常に河川敷のグラウンドに予約を入れているので、できるだけ紅白戦を行うようにもしています。

当然のことですが、控えメンバーだからということで試合にまったく出られなかったら面白くない。毎日練習をしている先にちゃんと成果が見えていなければ、モチベーションはなかなか上がりません。結局、子どもたちも試合をするのが一番楽しいのであって、試合で勝ったり良いプレーができたりすれば「こういう練習をやってきたから良かったんだな」と、普段の取り組みもつながってきます。逆に試合で上手くいかなかったとしても、「じゃあ今度はこのプレーができるように練習しないとダメだな」と課題がはっきり分かってくる。他のチームと対戦することで、自分のピッチングやバッティングがどのレベルにあるのかを感じ取ることもできます。

選手全員に成長してほしいからこそ、できるだけたくさん練習試合や紅白戦を行い、必ず試合を経験させる。これも私が大事にしていることです。ちなみにAチームの年間試合数は120くらいですが、たとえば全国優勝をした世代でもレギュラーだけで言えば70試合くらいしかしておらず、50試合前後は控えメンバーがメインでした。実を言うと昔はメンバーを絞っていて、とにかくレギュラーを中心に試合経験を積ませて鍛えていかなければ勝てないと思っていました。しかし、あるときに「それは違うな」と。控えの子が試合に出ているときにレギュラーの子が率先してベースコーチを務めたり、バット引きや球拾いをしたり、一生懸命に声を出して応援したり……。そういう姿を見て、レギュラーがあえてサポート側に回ることで逆に成長していく部分もあるんだな、と気付いたのです。そして何より、控えの子たちが経験値を高めて自信をつけられるので、全体的なチーム力の底上げにもつながります。レギュラーの試合数が減ることは、決してマイナスではないと思っています。

さまざまなアプローチを試し その子に合うアドバイスを選択

子どもたちを成長させていくためにはやはり、一人ひとりに合った指導をすることが大事だと思います。そのためにも、私は普段から「こうしたらもっと上手くなれる」「こうしたらもっと成長できる」という部分にアンテナを張っていて、常にヒントを探しています。野球の実力にかかわらず、一人ひとりについて「この子にはもしかしたらこのやり方が良いんじゃないか」などとしょっちゅう考えています。

また、成長のきっかけを与えるためには当然ですが、私自身がたくさん引き出しを持っていなければいけません。ですから、これまでにいろいろな練習を試してきましたし、いろいろなところへ理論の勉強にも行きましたし、いろいろな指導者にも会いに行きました。その中から自分なりの理論や練習法をある程度作り上げることができたのですが、現在もまだ変化は続いています。日々の練習では「今までは分からなかったけど、こういうこともあるのか」という気付きがまだまだたくさんあり、それがなかなか解決できない場合はやはりいろいろな方法を試していく。どんな方法であれ、とにかく子どもたちが良くなっていくことが大事だと思っています。

子どもたちからすると、「先生は言うことがコロコロ変わるな」と思っているかもしれません。ただ実際、たとえばバッティングで言うと「こういうスイングを目指す」という基本の部分は変わっておらず、「そのスイングをするために今まではこの場所を意識していたけど、こういうイメージに変えてみたらどうか」と、アプローチの仕方をいろいろと変えてその子にハマるものを探しているだけです。

そして、普段からのそういう積み重ねが生かされるのが試合です。私は試合で選手たちにアドバイスをする際、悪い部分をそのまま指摘してすべてを説明するのではなく、練習のときの様子も踏まえて「この子にはこれを言えばできそうだな」というポイントだけを簡潔に伝えるようにしています。

たとえばあるとき、打席で後ろのヒジを高く上げて構える左打者がいました。その彼はもともと普通に構えていたのですが、ヒジを上げるようにしたことでバットが肩口から真っすぐ通るようになり、鋭く出せるようになったという経緯がありました。

ところがいざ試合に入ってみると、自分の手元までボールが来たときにまったく対応できず、変化球に対してもバットが当たらない。後ろのヒジの動きが硬くなってしまっていたのです。さらに次の日の試合直前にも同じように振っていたので、私はそこで彼に言いました。

「ちょっとバットの位置を下げてみな」

伝えたのは本当にこれだけです。しかし、そこを意識すると肩のラインからバットが水平に出るようになり、それに合わせて後ろのヒジも上手く体の前を通るようになりました。そして試合では、第1打席でいきなりドーンとライト線を抜くヒット。本人も「おぉっ！」とビックリしていて、手応えをつかんだのか、その後もバンバン打つようになりました。

あるいは、スイング自体をその場で直すことはもちろんできないのですが、たとえば「軸足に体重を乗せよう」という意識から、構えの時点で後ろ足のヒザが折れてしまっている子などがよくいます。そういうときは「後ろのヒザをちょっと下げてみな」とアドバイスをしても本人にはよく分からないので、私が実際に「こうすると良いぞ」

とヒザを押さえてあげる。そうやって、手取り足取りやることで良い感覚を呼び起こしたりもします。

アドバイスの内容は基本的に普段の練習のときから私が教えていることでもあるので、実際にできているかどうかは別として、子どもたちの意識の中には残っています。だからこそ、パッと言ったときに「あ、先生がいつも言っていることだな」と感じてもらえる。あとは本人が「こうすれば良いんだな」という感覚さえ分かれば、試合の中で完璧に修正できたりもしていくのです。

ただその一方で、こちらがポイントを伝えると逆にその部分ばかり気にしすぎて、思い切り動けなくなってしまう子もいます。人によって成功と失敗が分かれるパターンとして多いのは、たとえば打者のストライクゾーンの意識。ヒザ元のストレートをイメージして打席に立っていると、どうしても低めにワンバウンドするボール球の変化球に手が出てしまいやすいのですが、そこで「もっと狙うゾーンを上げたほうが良い」「低めを振っていたらワンバウンドも振るようになっちゃうよ」と伝えた際、上手く切り替えられる子もいれば、「低めを振らない」という意識が先行して、逆に低めの球に過剰に反応してしまう子もいたりするのです。もっと言うと、失敗したときに「あぁ、分かっていたのにまた低めのボール球を振っちゃったよ……」と自分を追い込み、今度は守備でもミスをしてしまうという子もいる。したがって一人ひとりの性格も把握し、それを踏まえて言葉やタイミングを選択しなければなりません。

と言っても、練習試合は課題を見つける場所でもあるので、本人が「あっ、ここを振っていたらストライクからボールになるワンバウンドの変化球も振っちゃうんだな」と認識すればそれで良い。失敗しても「できなかったら練習で直して、次の試合でまたできるようにすればいいんだよ」と伝えています。中学生には伸びしろがたくさんあります。1つのアドバイスをきっかけにして一気に伸びていくことがよくあるので、指導者としてはそこを見極めていくことが大切です。

選手にアドバイスするときは、ポイントだけ簡潔に伝えている

第2章

自身の歴史と指導の変化

偶然の出会いから始まり どんどんハマった野球

ここからは少し、私の指導者人生を振り返っていきます。

第1章でも言った通り、私がこれまで大切にしてきたのは、子どもたちが先の世界で通用するように指導すること。そのためにはもちろん自分が指導者として成長しなければならないわけで、とにかく勉強、勉強……という日々を過ごしてきました。

そもそも、私は中学校までしか野球を経験しておらず、高校や大学ではスポーツをせずにシンガーソングライターをしていたという経歴。教員になってからも部活動への意気込みが強かったわけではなく、いきなり野球部を指導したわけでもありません。

教員生活の始まりは大学を卒業した１９８０年。最初の2年間はいくつかの学校で非常勤講師を務め、卓球部の顧問も経験しました。その後、東京都の公立校の採用試験に合格して葛飾区立本田中へ勤務し、部活動ではバレーボール部を1年、柔道部を6年。そして89年、異動した先の渋谷区立笹塚中で初めて野球部の顧問となりました。

ただ、それも実は嫌々引き受けた形でした。と言うのも、前任校では学校側が「基本的に休日は部活動をしない」という方針だったこともあり、わりと緩め。夏休みの活動日数もトータル10日間程度で、私自身がものすごく楽な環境に慣れていたのです。しかし、笹塚中の場合は土日に必ず部活動があるのだと。「これは堪らないなぁ」と思いました。しかも、野球部の顧問だった先生が私の赴任と同時に入れ替わりで異動になってしまったため、たまたま私が受け持った3年生クラスにいた主将の子から毎日のように「顧問になってもらえませんか」と頼まれてしまった。そんな感じのスタートだったので、思い描いていたビジョンなどは何もありませんでした。

ところが――ここで野球部の指導にすっかりハマってしまいました。単純に野球というスポーツの楽しさを感じましたし、みんなで支え合い協力して1つの目標に向かっていく、という団体競技の面白さも感じましたね。それまで指導していたのが個人競技の柔道だっただけに、余計にそう感じたのかもしれません。もちろん、柔道部の場合もみんなで一緒に練習はしますし、団体戦などもあるのですが、基本的に試合になれば個々の勝負。野球部では子どもたちと一緒に走ったり、投げたり打ったりしながら、指導者も選手も含めて全員でチームを作っている感覚が得られました。

また、柔道部のときは学校自体が荒れていたこともあり、部活動どうこうよりも、生徒たちと毎日戦っているという感じ。柔道そのものに関しては有名な道場の先生に外部指導で入ってもらっていたので、私はどちらかと言うと、とにかく体を鍛えることで心身ともに強くさせることを目指していました。一方、異動してからは学校が都会にあることもあってか、わりと大人びている子が多かった。学校が変わるだけでこんなに雰囲気が違うのか、という部分も面白く感じていました。

笹塚中には結局4年間しかいなかったのですが、ここでの経験は私の指導者としての原点になっています。もともと野球について何か理論的なものを持っているわけではなく、技術も戦術も練習方法も知らないことだらけ。だからこそ、いろいろな本を読んだり、いろいろな人に話を聞いたり直接教えていただいたりして、自分なりの野球を築いていこうと。そうやって自分が知らないものを学んでいくことはすごく楽しかったですし、その勉強は今でもずっと続いています。

そして、人との出会いにも恵まれました。私に指導をお願いしてきた主将は横川義生（桐蔭学園高—立教大—日本石油＝現ＥＮＥＯＳ）という子で、野球の能力も高くて話もしっかりとできるタイプ。彼のおかげで一気に野球の世界へ引き込まれた感がありますさらに、その父親は当時の立教大監督だった横川賢次さん。グラウンドにも結構来ていただき、食事にもよく連れていってもらって、お酒を飲みながら野球の話などをしていると、どんどんハマっていきました。

もう1つ、野球界がすごいなと思ったのは、横のつながりです。練習試合などで相手チームの先生方と話していると、今度はそのつながりで別の学校の先生を紹介していただき、またそこで練習試合を組んで……。そんなふうにどんどん人脈が広がり、一気に仲間が増えていった。これも私にとってはすごく大きなことでした。

さまざまな人との縁により成績を上げた小松川三中時代

笹塚中での4年間を経て93年春、私は江戸川区立小松川第三中（現・小松川中）に赴任しました。異動に関しては地区などの希望をいくつか出せるのですが、私の第一希望が江戸川区。当時は荒れている学校も多く、どうやら希望者は少なかったようです。ただ、東京都の中では最も野球人口が多くて中学軟式も盛り上がっていた地域だったので、「ここで本格的に野球に集中していきたい」と。また、江戸川区で指導していた先生から「こちらへ来ませんか」と声を掛けていただいたことも後押しになりました。

実を言うと、もともとは江戸川区内の別の学校へ行く予定でした。そこの野球部は1学年につき30人くらいと人数的にも恵まれていて、私もかなりやる気になっていました。しかし、ここで出鼻を挫かれます。その学校は大規模校で、私が担当予定だった技術科では例年だと先生2人が配置されていたのですが、残念ながら生徒の数が2人足りず、それに応じて技術科の先生も1人だけで良いことになってしまった。そして直前で話がなくなり、たまたま同じタイミングで野球部の顧問を探していた小松川三中へ行くことになったわけです。

当時の小松川三中は都内で唯一、「男子生徒は全員が坊主頭」という方針の学校です。

最初に面接へ行ったときには「今日は球技大会なんだよ」と言われ、校庭を見渡すと坊主頭ばかりだったので、「こんなに野球部員がいるのか」と勘違いしたほど。女子生徒にもまた身だしなみなどで厳しい校則があり、学校全体で教育面を徹底していた一方、たとえば坊主頭にするのが嫌で不登校になっている子もいれば、ヤンチャで非行に走るような子も多かった。やはりそれまでの学校とは雰囲気がまったく違っていました。

ただ、そんな中でも野球部にはすでに土台がありました。もともと顧問の先生がしっかりと指導されていて、以前から江戸川区を勝ち上がって都大会に出場したりもしていたのです。その先生が「年数的にあと1年で異動になるから次の人に引き継ぎたい」ということで私が引っ張られた経緯があり、3年生が引退する夏までは一緒に指導。ですから、新チーム結成と同時にバトンを渡されたときも、私がイチからチームを作る必要はなく、スムーズに始めることができました。

その新チームは秋の新人戦では都大会に出られず、また人数が少なかったこともあって、周りからは「弱い世代だ」と言われていました。ところが、翌春には何と都大会で準優勝。私が何か特別なことをしたわけでもありません。とにかく子どもたちが必死に頑張ってくれて、流れに乗ってあれよあれよと勝ち上がっていきました。そのときに強く感じたのは、戦力が整っていないからと言って、必ずしも試合に勝てないわけじゃないということ。それと野球においては、まずはピッチャーを育てることがものすごく大事だということです。

当時は球数やイニング数の制限もなく、絶対的なエースが1人ですべて投げ抜いて勝つというスタイルが多かった時代。私たちのチームにもやはり、抜きん出ているピッチャーの子が1人だけいました。その彼がたくましく育ち、周りの子もそれに引っ張られて力をつけていったことが大きな勝因だったと思っています。試合では常にエースが投げて、周りはとにかく粘りながら守る。基本的には打たれないので、たいてい試合の主導権は握れていました。攻撃面は何とか走者三塁を作り、スクイズやエンドランなどで1点を取って勝つ。当時の中学軟式はスモールベースボールが主流でしたが、私たちもまさにそれをしていました。

不思議なものでこの都大会準優勝以降、チームはそのまま良い流れに乗り、大会での成績も上がっていきました。在任した13年間で都大会優勝が5回、準優勝が4回。私の中にはまだハッキリとした指導の形があったわけではないのですが、勝っている先輩たちの姿を見た後輩たちが「これをやればこういうプレーができるようになる」「こうすれば勝てる」と感じ、また一生懸命に取り組んでいく。勝利を積み重ねて自然と伝統が出来上がっていったのだと思います。

小松川三中の時代には、実に多くの出会いがありました。2年目（94年）からは親しい先生方に声を掛けて「下町杯」という大会を作り、私が実行委員長を務めてきたのですが、回数を重ねるごとに規模が大きくなり、多くのチームが参加してくれるようになった。そのおかげで人脈もどんどん広がり、著名な方々や実際に勝っている方々ともつながりが生まれていったのです。

間違いなく言えるのは、そういった人たちとの縁なくしては、今の私はないということです。小松川三中では人と出会う機会が圧倒的に多くなったため、当然、野球についてもより深く勉強するようになりました。特にお世話になったのは、名将として知られていた修徳学園中（東京）の小田川雅彦先生（元・修徳高監督、元・堀越高監督）。そのつながりで星稜中（石川）の山本雅弘先生（元・遊学館高監督）や新町中・大沢中・東林中（神奈川）の佐相眞澄先生（現・相模原高監督）など、名だたる監督たちも紹介していただきました。何の世界においてもそうですが、実際に成功している人から学ぶという経験はものすごく大きなことです。ありがたかったのは、みなさんが親切に、丁寧にいろいろなことを教えてくださったこと。しかも私に対してだけでなく、選手たちに直接指導をしていただくこともありました。

そういった成果もあり、2001年3月には前年秋の都大会優勝チームとして推薦を受け、Kボールの第1回全国大会「全国AA選抜野球大会（日本Kボール少年野球連盟設立記念大会）」に出場してベスト4。ちなみにそのときの優勝は佐相先生の東林中（チーム名は東林クラブ）。尊敬する人と同じ舞台に顔を出せるようにもなり、チームとしては成長できたと思います。結局、目標としていた全国大会（当時は夏季の全中、全日本少年の2大会。10年からは新たに全日本少年春季軟式野球大会がスタート）には届かなかったのですが、それでも「都大会で勝てる」「関東大会までは行ける」という自信は芽生えました。

ゼロからスタートした上一色中での経験

06年4月、私は上一色中へと異動しました。当時の東京都では、公立校の教員はだいたい8年で次の学校へ移るのが通例です。そんな中、小松川三中では保護者の方々が熱心で、私を残すようにと署名運動をしてくれたこともあって13年間もいることができたわけですが、いよいよ異動となったのです。

実はこのときもまた、最初は別のところへ行く予定でした。そこは野球部員の数が多い学校で、校長先生は江戸川区では地位的にトップの人です。そんな方からも声を掛けていただき、私も意気込んでいたのですが、またしても生徒数不足でキャンセル。しかも足りなかったのが1人だけですから、人生はなかなか上手くいかないものです。こうして、土壇場で進路が切り替わりました。

さて、当時の上一色中ですが、野球部は形だけ顧問の先生がいるような感じで、ほとんど活動していない状態。部員自体は3年生も2年生も十数人ずついたものの、土日は完全に休みで平日もしっかり練習をするわけではないため、多くの子が軟式のクラブチームに入って野球をしていました。私が来るまでは、練習試合が年間でわずか2試合。さらに驚いたのは大会に出るとき、野球部の子たちは練習をしていなくて出たがらないので、硬式野球をやっている子にも声を掛け、その都度、人を寄せ集めて試合をしていたこと。本来、硬式のチームにいる子は軟式の大会には出られないはずなのですが、そもそも大人がそういう規定すら理解していなかったのです。

と、今度は何も土台のないところからスタートしたわけですが、大きなカギを握ったのは1年目でした。私が異動したのと同時に、小松川三中から2・3年生の計8名が一気に上一色中へ転校してきたのです。彼らはとにかく私のもとで野球がしたいという想いが強く、こちらの野球部の状況などもまったく気にしていませんでした。江戸川区の中学校では03年から自由選択制が導入されており、条件を満たせば小学6年生は希望する学校に進学できるのですが、もちろん転校となると話は別。学区外の子は住所を移すために引っ越したり、学区内の知り合いの家に住んだりしたようです。

この状況は当時、大きな問題になりました。と言うのも、小松川三中も上一色中も生徒の意向を把握して受け入れていたのですが、予定していた人数よりも希望者が増えてしまい、新年度が始まると小松川三中の生徒数が足りなくなってしまったのです。もともと4クラスだったものが、3年生と2年生を1クラスずつ減らさなければならなくなり、それによってクラスの編成を見直して教員の配置人数も変更。さらに新入生のほうも、私の異動を知って入学直後に数人が転校。直接言われることはありませんでしたが、おそらく私に対する批判は多かったと思います。実際、上一色中では「生徒を引き連れてとんでもない問題教師がやってくる」と噂になっていたようです。数か月経って、周りの先生方から「最初はすごく警戒していた。実際は良い人だと分かって安心した」と明かしてもらいました。

そして、問題はもう1つありました。野球を本格的にやりたい子は硬式や軟式のクラブチームに入るのがそれまでの傾向でしたが、私が顧問となって活動を始めると、「毎日しっかり練習してくれるなら野球部に入りたい」と。しかも「硬式と軟式で二重登録はできない」という規定を私がしっかりと説明し、さらにルール上の問題はなかった軟式のクラブチームの子にも「野球部でやりたいのなら二重登録は認めない」としたので、十数人がクラブのほうを辞めて野球部へ流れてきたのです。これに激怒した硬式の関係者が自治体に訴え、私は「選手を脅かして引っ張っているんじゃないか」と疑いを掛けられたりもしました。

ただ、そういった騒動はあったものの、部員数には苦労せずにスタートできたのは大きかったと思います。最初の春の江戸川区大会では、「転校してきた子は使わない」と決めた中で初戦を突破。それまでずっと1回戦負けが続いたチームだけに、保護者たちは「初めて勝った姿を見た」と涙を流していました。その後は転校してきた子も混ぜていき、夏は江戸川区でベスト8。チームとしても活気付いてきて、ここでようやく周りが私のほうを向いて「ちゃんと指導してくれる先生なんだ」と認めてくれたような気がします。そして2年生の世代、1年生の世代はどちらも江戸川区で優勝して都大会に出場。小松川三中のときと同じく「こうすれば勝てる」というものが先輩から後輩へと伝わっていき、流れに乗っていきました。

では、土台もないところからなぜ勝てたのか。当時から重視していたのはやはり、ピッチャーをしっかり育てることです。バッテリーを中心に守備を鍛えていけば、ある程度の試合を作って勝つことができると思っていましたし、小松川三中での指導を経て、ピッチャーとしての資質はそれなりに見極められるようになっていました。具体的に大事にしていたのはキャッチボール。そもそも当時はまだネットもそこまで発展しておらず、今のようにたくさん情報を得て子どもたちが自ら上達するということが難しい時代。小学生のうちから投げ方を正しく指導されていることは少なく、きちんと投げられる子はお父さんが学生時代に野球をしっかりやっていて幼少期から教わっていたとか、学童野球で良い指導者に恵まれたとか、そういうケースです。だからとにかく「この子は投げ方が良いからピッチャーをやれそうだな」というところからスタートし、練習試合で経験を積ませていきました。体を強くするためにトレーニングなどもしましたが、最終的には実戦を通じてピッチャーとしての力を見極めていた感じ。そうやって何とか結果を残していくうちに、学校の自由選択制を使って「上一色中で野球をやりたい」という子が集まってくるようになった。学童野球での実績がある子も増え、全体のレベルが少しずつ底上げされていきました。

壁に当たって限界に気付き
発想を変えて新たな指導法へ

上一色中の野球部は上手く軌道に乗り、さらに「打ち勝つ野球」へとスタイルを変え、都大会でも勝てるようになっていきました。ただ、そこからしばらくは関東大会止まり。全国への切符は遠く、「あと1つ勝てば全国大会出場」という試合で何度も跳ね返されました。本当にあと一死、あとストライク1つで勝てるというところから逆転されることもありましたし、ここぞという試合では負け続けていたので、偶然などではなく、間違いなく何かが足りなかったということです。すぐそこまで全国大会に手が届いているのに負けて、子どもたちが1時間も2時間も泣き続けて……。そういう姿も見ながら、「何とかしなきゃいけない」という想いはどんどん強くなっていきました。

殻を破ったのはちょうど10年目の15年夏です。全中の関東大会2回戦で勝利し、初めて全国大会出場を決めました。

どうして突き抜けることができたのか。それはやはり、指導法の変化が大きいと思います。

振り返れば小松川三中での13年間、私は一方的に上から押し付ける指導をしていました。ヤンチャな子が多かったこともありますが、とにかく毎日怒ってばかりで、練習も選手を精神的に強くさせようとして絶えずプレッシャーを与えていた。試合でも打者が三振をすれば怒り、ピッチャーが四死球を出せば怒っていて、上一色中でも前半はそういう指導を続けていました。それでも、選手たちをある程度のレベルにまで引き上げられるという自信はあったのです。実際、私が言うことを半ば強制的にやらせている感じでしたが、関東大会までは行けたので、これが正しい指導の形なんだと思い込んでいました。

しかし、それでは限界がありました。もちろん時代とともに少しずつ自主性を促すようにもなったのですが、子どもたちには基本的には「ちゃんとやらないと怒られる」「ここで結果を残さないと怒られる」というものが染み付いてしまっているので、ここぞという場面でもやはりその傾向が出てしまいます。結局は選手が試合をするわけで、本来、苦しいときに子どもたちが自分で踏ん張って乗り切れるようにしなければ意味がない。そうやって指導方針を見直すのに10年ほど掛かり、ようやく変われたときに全国大会出場が叶ったのです。

そこに気付くことができたのも、多くの人との出会いがあったからです。結果が出ていない時期というのは正直、応援してくれているがゆえにかなり辛辣な批判をしてくる人もいます。たとえば当時、東京都で唯一の全国制覇（１９８９年の全中）を成し遂げていた練馬区立開進第四中の川嵜勉先生。お兄さんが小松川三中の校長を務めていた縁で交流があったのですが、私たちの試合を見て「あの場面でなぜバントをやらないんだ。勝ちたいんだろう？　二死三塁になっても良いから走者を先に進めることをしないと」。そうやって采配の部分を厳しく指摘されました。ただ、直接言われたときはもちろん悔しくて仕方なかったのですが、そういう意見をもらえることが実は大事。だからと言って、人の意見に左右されて考え方をコロコロと変えるわけではありませんが、「それは結果論だから」で済ませるのではなく、すべてを自分の肥やしにしていこうと。身の回りにそういう存在がたくさんいたことは、私自身の指導を顧みる意味でもすごく重要でした。

指導方針に関しては、厳しく叱るのがどこでも当たり前の時代ということもあり、なかなか変えられませんでした。ただし、薄々ながら気付いてはいました。いろいろなチームと試合をする中で、指導者がミスを咎め、選手を責め立て、どんどん負の連鎖に陥っていく。そんな姿を客観的に見ていて「あそこであんなこと言ったらダメになっちゃうに決まっているだろう」とは思っていたのです。そして、ふと「もしかしたら自分も同じことをやっているのかな」とも。そこからは少しずつ、何か気になることがあっても「いや、言うのをやめておこう」と、グッと堪えるようになっていきました。

それと肝心なことがもう1つ。ガミガミ言うことに疑問を抱く一方で、同じように厳しく接しながらも結果を残し、さらに選手から慕われている指導者もいました。つまり、私の中では「そんなに怒ってばかりいるから負けるんだよ」という人もいれば、「なんでこんなに怒ってばかりいるのに、勝って上へ行けるのだろう」という人もいたのです。そこに必ず何か違いがあるのだと思い、全国トップクラスの力を持つチームに頭を下げて試合を組んでもらったりもしました。

その中で導き出した答えとしては、勝てるチームの選手はまず、個々の能力が高いから指導者の要求に応えられるということ。さらに指導者はただがむしゃらにガンガン怒っているのではなく、いつも心掛けていることや普段できていることができていないときにこそ、厳しく叱っているということです。チームのウォーミングアップや練習を見て「普段からこんなに細かいところまで教え込んでいるのか」とレベルの違いを感じましたし、選手の意識の高さにも驚かされました。そしてハッキリと分かったのは、指導者が怒ってばかりいてダメになるチームというのは、普段からやるべきことを徹底していないのにその場でガンガン怒ってしまっているということです。

もっと具体的に言うと、たとえば右打者がアウトコースの球に対応する際、指導者はよく「右方向に打ちなさい」と言います。私も実際にそう言っていました。ただ、多くのチームは普段から「アウトコースを右方向に打つ」という部分に特化した練習はしていません。頭の中で「アウトコースに上手くバットを出せば打球は右方向に飛ぶ」というイメージがあるから勝手にそう言ってしまうのですが、実戦に入っていきなり打つことはできない。しかし、トップクラスのチームを見たところ、実際にアウトコースを右へ打つ練習をしていたのです。普段からそれを当たり前のようにやっているからこそ、指導者は試合になって「なんでアウトコースに来たのに左へ引っ張ったんだ」と言えますし、打ち分けを実践できる能力があるからこそ、選手も指摘されたことに対して納得できる。試合になっていきなり「なんで右に打たないんだ」と言うのとは大きな違いです。

練習でやっていないことを試合で選手にやらせようとしてもダメ。また、それを実践できるだけの選手のレベルも必要。そこに気付かされた私は、「このままでは勝てない。普段からもっと中身の濃い練習をして、個々を育てなければならない」と思いました。そして、そこから練習方法が大きく変わっていきます。バッティング指導では、それまでは「こうやって打てば良いんだ」と口頭で説明して教えていましたが、そもそも「この練習をやればこういう打ち方ができるようになる」というメニューを提供し、実際に選手がそう動けるように仕向けて、良い感覚を体験させていくことが重要だなと。さらに、子どもたちに「このメニューをやればこれができるようになる」

と思わせることができれば、練習にも自ら進んで取り組むようになっていく。こうして、チームが上手く回り始めました。

「自分たちが勝つための練習」で全国大会でも実績を残す

指導のスタンスを大きく変えてからは、選手に対する私の接し方も変わっていきました。学校では生活指導の役割も担っていましたし、もちろん叱ることはあるのですが、自然と自重するようにもなりました。「プレッシャーを与えて強くしよう」という部分がだんだん和らぎ、「練習方法の工夫によって強くすればいいんだ」と思えるようになったのです。

そして選手たちの反応を見ると、明らかに私から逃げなくなりました。ちなみに以前は「先生が教える＝叱られる」なので、私が近づいていくとスーッと逃げていく感じ。後年、教え子たちから聞いたのは「先生に教えてもらうときは頭の中が真っ白になり、メチャクチャになっていた。何をやっているのかも分からなかった」と。練習の時点でそうなのですから、試合でガンガン怒っていたら、選手が私の言うことを実践できるはずがありません。

そもそもの話、私が「全国へ行くぞ」「日本一になるぞ」と鼓舞することさえ、彼らにとってはプレッシャーになっていたようです。当時は家の机やトイレなどにも「日本一」と書いた紙を貼り、常に意識して生活させるようにしていましたが、実は逆効果。それが分かってからは、そういう言葉を掲げることはしなくなりました。やはり「本人がどうなりたいか」というのが一番大事なことであり、自主性・主体性というのは必要なのだと思います。

初めて全中に出場した15年夏は、勢いのまま全国3位に食い込みました。新しい歴史を作ったその学年は、実は校内で学年全体が荒れていた世代。1年時には学級崩壊が起こり、ヤンチャな子や非行に走る子もいて、2年時はもう先生が生徒を制御し切れなくなっていました。そんな中、3年時には学校側が「その学年を立て直す」ということで先生の配置を変えて強化。その中に私も入り、彼らを生活面からしっかりと見ることになりました。

実際に担当して思ったのは、全体的にだらしない学年というわけではなく、意外と良い子たちが多いということ。要は、指導者側がヤンチャな数人を指導し切れていないことにより、他の子たちもヤンチャな方向へ向いてしまい、全体の雰囲気が悪いほうへと流されていたのです。案の定、スタッフを強化した途端、周りに流されていた子たちの問題行動はすぐなくなり、一瞬でまとまりました。そして、野球部の子たちも「しっかり頑張ろう」という雰囲気になっていきました。

チームのことで言うと、まずは主将の昆野海翔（専大松戸高―東農大）の存在が大きかったと思います。少しヤンチャな部分も持ちながら、リーダー性が高くて人を引っ張っていけるタイプ。たとえば良くない方向に流されていた子であっても、彼の言うことであればしっかりと聞いていましたし、彼がいたからこそ「これをやれば勝てる」と本気で信じて練習する雰囲気が作られていたのだと思います。

戦力的に大きかったのは、エース右腕の小峯丈明（慶應義塾高―慶大理工学部）の成長です。彼はすごく真面目で成績も優秀。ピッチャーとしてはコントロールが良いタイプでした。そして、私はもともと試合では右打者のアウトコース攻めを基本と考えていたのですが、彼には「インハイ（インコース高め）を基準にしてみないか」と。すると「やります」と賛同し、本当にコツコツと練習してくれた。普段からプレートの一塁側を踏んで左から右へ角度をつけやすいようにし、8～9割方、右打者のインコースを突いていく。まさに先ほどのアウトコース打ちの話と同様、実際に普段からインハイ攻めをずっと続けていたからこそ、試合でもそれを発揮できたわけです。

ここに加え、レギュラーには2年生も多かったのですが、他の3年生も本当に必死に練習をしていました。今思えば、当時の練習メニューはまだまだ洗練されていませんでした。ただ、「やらされている練習」から「自分たちが勝つためにやる練習」へ変わっていったのは確か。「自分たちがどうなりたいか」をしっかりと考え、最後は彼ら自身の力で全国3位をつかみ取ったわけです。

こうして今までにないことを成し遂げたことで、上一色中は「こうすれば関東大会まで行ける」から「全国へ行ける」「全国でも勝てる」という雰囲気に変わっていきました。そして良い形でバトンが渡ると、全中経験者が残った翌16年は全日本少年春季大会への初出場（25年春に6回目の出場予定）が決まり、同夏は全中で準優勝。このときはピッチャーの横山陸人（専大松戸高─千葉ロッテ）や土屋大和（関東一高─立正大─日本製鉄鹿島）、ファーストの坂口雅哉（八王子高─仙台大─日本製紙石巻）など、卒業後に活躍する選手も多くいた世代でした。そんな彼らを見てさらに後輩たちが育っていき、18年にはエースの深沢鳳介（専大松戸高─横浜ＤｅＮＡ）を中心に全中3位。24年夏の甲子園で準優勝した畠中鉄心（関東一高）がエースだった21年には全中準優勝。そして翌22年――初めて出場した夏の全日本少年でついに日本一を達成しました。

自然とそうなるように仕向けて子どもの主体性を促す指導

指導法の変化はチームづくりや選手育成に大きくつながりましたが、人として大切なことを教えるという部分でも良い影響がありました。

たとえば、以前は子どもたちに対して「周りに感謝しなさい」とよく言っていましたが、そういう言い方は一切しなくなりました。要は、こちらが「感謝しなさい」とか「なんで感謝の気持ちが持てないんだ」と言うのではなく、感謝の気持ちを抱けるように仕向けていくことが大事。練習法のときとまったく同じ発想で、口頭で何度も伝えていくのではなく、自然とできるようになる方法を考えたほうが良いのではないか、と。特に教員という立場になると「感謝しなさい」と言ってしまいがちなのですが、そもそも本人の心の問題であって、本当に「ありがたいな」と思わなければ意味がないものです。

ですから、私のアプローチも以前とは違います。たとえば上一色中では練習後、保護者が選手たちのタンパク質補給のために豆乳を準備してくれているのですが、そこで私はポロッとこう言います。

「親御さんたち、毎日仕事もあるのに大変だよなぁ」

あるいは保護者が来たときには、あえて大きな声で「こんばんは～！　いつもすみませんねぇ、お仕事で疲れているのに。本当にありがとうございます」。これはもちろん、紛れもなく私の本心なのですが、同時に子どもたちにもそれを聞かせることで、少しでも何かを感じ取ってほしいなと。「わざわざ来てくれているんだな」という気持ちになってくれればいいなと思っています。逆にここで「親御さんが来てくださっているんだから感謝しなさい」と言って、みんなにお礼のあいさつをさせたところで、それだけでは感謝の気持ちは育たない。いかに心を自然に動かせるかが大切です。

さらに言えば、保護者も含めて来客があったとき、私がいつも「こんにちは～！」とか「ありがとうございます～！」と満面の笑みであいさつをするので、子どもたちも自然と明るく元気にあいさつするようになっていきました。チームの方針であいさつは大切にしていますが、強制的に「あいさつしなさい」と押し付けるよりも、こちらがそういう姿勢を見せるほうがよっぽど効果があると思っています。なお、現在は私がもう教員を辞めているため、子どもたちや保護者の方々と学校で接する機会は減ってしまいました。そんな中で心の部分を育てていけるようにと、選手と保護者が全員参加のＬＩＮＥグループを作り、野球部ニュースを送るようにしています。

そうやって接し方が変わってくると、自然と声を荒げて怒るようなことは減ってきました。昔は練習中に選手たちが喋っていたら、「私語を慎め」「なんで練習中に喋っていいるんだ」「ふざけていないで集中しろ」と叱っていましたが、今は「野球の話をしているのかな」と思いながらスルー。実際は全然関係ない話をしていたりもするのですが、本当に野球の話をしているときもあるので、そこは細かく咎める必要もないかな、と。昔の教え子たちからすると物足りないようで、練習を見に来たときには「先生、あれは叱らなくていいんですか?」「こんなに緩い雰囲気じゃまた全国に行けなくなっちゃいますよ」とも言われます。ただ、私自身が多くのことを許せるようになりましたし、「こういうチームが勝つんだよな」と考えているポイントが昔と変わってきたのも事実です。

もちろん、まだまだ中学生なので問題を起こすこともありますし、叱らなければならない場面はあります。私が教育面で譲れないのは、たとえばいじめにつながる部分。言葉遣いについて「そういう言い方をしたらダメだぞ」とか「こういうことをしたら相手が傷付くだろう」というのはよく言っています。また、周りに人がいるのに素振りをするなど、危険につながる部分。あるいは、みんなで守っているルールを破ったりしたときも厳しく叱ります。しかしながら、今はその中でも強弱がある。だからこそ、こういうときは怒られる、これをやったら許されないという部分は、子どもたちにも自然と伝わっているのではないかと思います。

ちなみに私が「勝てるチーム」に必要だと思っているのは、先述のようにやはり個々の能力、練習での裏付け、選手の自主性や主体性……。そして、最後はみんなが同じ方向にグッと向いていけるかどうかが重要です。特に全国優勝した世代を考えた場合、リーダーが素晴らしかったということは確実に言えます。主将の山本誠翔（専大松戸高）とチームリーダーの酒井一玖（慶應義塾高）は、野球の能力はもちろんですが、勉強も含めて〝考える力〟も備えていた。チーム内での信頼が厚く、私がその場にいなくても、周りが自然と彼らの言うことを聞いて真剣に取り組んでいました。中学生だと誰かしら、リーダーに対して不満を言う子が出てきたりもするものですが、あの世代は本当に自分たちでまとまってくれていたのです。全日本少年でも初戦の相手が最速１４０キロ超の大会ナンバーワン投手（宮崎・聖心ウルスラ学園聡明中の森陽樹投手、現・大阪桐蔭高）だったので、普通に考えたらそこで負けるはずですが、みんなで攻略法を考え、必死に練習して打ち崩した。そうやって勢い付き、決勝（相手は愛知・名古屋ドジャース）では4対0の完封勝利。試合を通してどんどん強くなっていきましたし、いつも「すごいな」と思って見ていました。

日本一が決まった瞬間はもちろんすごく嬉しくて、自然と涙も流れました。しかし、結果は一瞬です。これまで何度も言ってきたように、中学野球がすべてではない。日本一になったことで調子に乗り、その後の人生で道を外れてしまったら意味がありません。一番重要なのはその先をどう生きるかであって、大会後も「『日本一になったから良い』じゃないんだよ」と言い続けました。彼らは現在まだ高校生。果たして私の指導が正しかったのかどうか、答えが出るのはまだまだ先のことでしょう。ただ、それぞれが進んだ先で必死に頑張っているというのは、私のところにもしっかりと伝わってきています。そういう姿を見ると「中学時代の経験が生きているのかな」と思いますし、指導者として嬉しくなりますね。

「勝てるチーム」には個々の能力、練習での裏付け、選手の自主性や主体性に加え、みんなが目標へ向かっているかが重要だ

第3章

強いチームを作る考え方

仲間同士で助け合う雰囲気を作り「チームのために」と考えさせる

私は野球の指導に携わって36年目になりますが、これまで区大会の初戦敗退が当たり前だったチームから全国優勝したチームまで、さまざまなレベルの野球を経験してきました。その中で、チームを強く育てるために重要だと感じているのは、まず「そこにいる子どもたちの集団がどういう傾向にあるか」を把握することです。理想としてはやはり選手が自主性・主体性を持って自分たちだけで頑張れる集団にすることなのですが、「この子たちなら任せられる」という年もあれば、「こちらがしっかり教え込んでいかなきゃダメだ」という年もある。個々の性格や能力、学年全体の雰囲気、野球から離れたときの空気感……。いろいろなものが反映されてチームが作られていくので、常にこうすれば良いという正解はありません。

ただし、いずれにしても「個々を成長させる」という部分は前提に置いています。特に普段の練習では、個人の力量を高めることに特化。選手それぞれがレベルアップしていけば、集まったときには間違いなく大きな力になります。そこから先は指導者としての腕の見せどころで、先述の〝子どもたちの傾向〟を踏まえてチームとしての形を作っていく。そんな感覚です。

私の実感としては、チームが強くなっていくときというのは選手たちがお互いに認め合い、支え合っている雰囲気があります。全国制覇をした２０２２年夏の世代などはまさにそうで、たとえば誰かが守備でエラーをしたら「気にすんなよ！」「次捕ればいいじゃん！」。誰かが打席で三振したら「大丈夫だ。次は打てる！」と声を掛け、次打者に対しても「お前が打てばいいんだぞ！」。そういう声が子どもたちの中から自然と出てくるようになると、個々の力を発揮しやすい雰囲気が生まれて、チーム力は勝手に上がってくるのです。逆に「何やってんだよ」「ちゃんとやれよ」など、失敗に対して責める声が増えてくると、チームの空気は悪くなっていきます。

ただ、そもそも練習では個々を鍛えているわけですし、中学生はまだ子どもなので、まずは「自分が試合に出て活躍するために」ということだけ考えるのが普通でもあります。そこからチームとしての戦いを積み重ねていく中でだんだん周りに目が向いていき、「チームが勝つために」という発想になれるかどうか。仲間を応援するような声が自発的に出てくるかどうか。みんなが1つになるきっかけをグッとつかめるかどうかが勝負です。そう考えるとやはり、チームの中心にいるリーダーの存在もすごく大事です。

私は常々、「一人の選手を支えるのはチームの仲間なんだよ」と伝えています。そして「先生は指導者として教えなきゃいけない立場にいるから、ダメなものはダメってはっきり言うよ」と。子どもというのは、悪い部分を指摘されると必ず落ち込むものです。たとえば頭くらいの高さのボール球に手を出してしまい、空振り三振でベンチに帰ってきたとき、私が「ストライクだったたか？」と聞くとたいてい「ストライクに見えました」と言い訳をする。そこでビシッと「これくらい（の高さ）だったぞ」と具体的に示すと、本人は「えっ……」と固まります。もちろん自分でも失敗したことは分かっているはずなので、わざわざ言われることでよりガッカリするのです。ただ、そこで他の子たちに求めているのは、「次にストライクを打てばいいんだよ」という声。そうやって周りがフォローする雰囲気が作られていれば、本人も腐らずに次へ向かえます。

最後は仲間同士で助け合う。その意識を浸透させていくためにはやはり、大会を経験することが重要だと思っています。どんなに小規模であっても「大会」に出れば、練習試合とは違う緊張感が生まれる。選手たちの間には少なからず「負けたら終わり」という意識が芽生えるので、次も試合を続けるために、とにかく勝利にこだわるようになっていきます。練習試合のときは正直、自分の成績が４打数４安打であればチームが負けても気にならないと思いますが、大会になれば「チームのために」とプレーするようになる。とにかく負けたくないので、自然と周りの選手の応援もするようになるわけです。よく「練習でできないことは試合ではできない」と言われたりしますが、「練習試合ではできなかったのに大会になったら一気に変わった」ということは実は多々あるのです。

その最たる例が、３年生の最後の夏の大会です。特に相手にリードを許して迎えた最終回の攻撃などは、そのまま負けたら中学野球自体が終わってしまうわけで、たとえどんなに全員がバラバラな方向を向いている世代だったとしてもみんな必死にその打者を応援します。そういうときこそ一気に成長できる時期だと思いますし、だから私はチーム作りの中でも、どこかのタイミングで何かしらの大会にエントリーして「負けたら終わり」という経験をさせるようにしています。

1つ、私の中で強く印象に残っている出来事があります。DeNA深沢の代の関東大会（全国決め）で6回まで来て0対2。相手はすごいピッチャーで打線がラッキーなポテンヒット2本とほぼ完璧に抑え込まれ、恥ずかしい話、私自身も「あぁ、このまま打てずに終わっちゃうのかな」と思っていました。ところがそのとき、主将でもなく、特に目立っていたわけでもない1人の選手が「これで終わるのかよ！」。すると他の選手も「そうだ、これで終われねぇぞ！」と続き、一気にベンチがワッと活気付くと、その回に一気に逆転し、全国大会出場を決めたのです。もちろんチームは生き物なので、必ずしもそうやって成果が出るとは限りません。ただ、本気になったらこういう力を出せるんだなと。改めて、子どもたちの可能性というものを学ばせてもらいました。

重要なのは失敗した後の姿勢「次」を合言葉にして前を向く

チームの雰囲気作りは最終的には子どもたち次第の部分もありますが、もちろん私も常に意識しています。子どもたちによく言うのは「野球はトライアル（試すこと）&エラー（失敗すること）の繰り返しなんだよ」。つまり、失敗するのは決してダメなことではなく、その後に前を向いてチャレンジする姿勢が大事。そうすれば必ず次に生きるんだよ、と。だからと言って、失敗した子に「切り替えろ」と言っても、中学生がすぐに気持ちを整理するのはなかなか難しいことなので、そういう言い方はしていません。エラーをしても三振をしても「次捕ればいいよ」「次打てばいいよ」。起こってしまったことは仕方ないですし、過去を変えることはできない。「次だよ」というのを合言葉にして、その子が良いプレーをしたら「いいねぇ、取り戻したじゃん！」。そういう雰囲気を作るようにしています。逆に失敗した後に不貞腐れたり、激しく落ち込んだりと後ろ向きな姿勢を見せていたら、「そういう態度を取ったらダメだろう」

と厳しく指摘しています。

また私の指導の引き出しで言うと、たとえば空振り三振をした子がいた場合、本人には前向きな声を掛けたり次につながるアドバイスをしたりしますが、ベンチ内でも他の選手たちに「見ていろよ。アイツは次打てるからな」「もう空振りは絶対にしないぞ」などと伝えています。そして実際に私が言った通りのことが起こると、子どもたちは「当たった！」「本当に打てた！」と喜ぶ。意外と単純なもので、そういうことを繰り返していくと、私の言葉がスッと入るようになり、ちゃんと信じて取り組んでくれるようになるのです。

このやり方は当然、本当に打てなければ説得力が出てこないので、結果を残せるように仕向けていくことが必須。ただ第1章でも言ったように、私は普段の練習をずっと見ながら各選手の癖や傾向を把握し、「この子にはこれを言えばできそうだな」というポイントを常に探しています。その上で、試合でいろいろなことを言うと打者が考えすぎて逆に打てなくなってしまうので、伝え方はよりシンプルに。たとえば、お尻が落ちてカカト体重になっている子に対して「ちょっとつま先に体重を持っていってみな」と言う程度ですが、一瞬でパッと直せることしか言わないので、しっかりと修正できます。そして、そのひと言だけでカーンと打てるようになったりもするので、本人も「先生に言われた通りにしたら打てた。すごいな」と。その積み重ねが良い雰囲気作りにもつながっていると思います。

なお、こうしたアドバイスをして上手くいくのは、基本的には動画なども交えて「この部分がこうなっているよ」と個別指導をした子です。普段から「ほら、（映像を）見てみな。お尻が落ちてカカト体重になっているよね。だからアウトコースに踏み込めなくて、バットが届かなくなるんだよ」などと言っているので、「つま先体重」というワードだけでピンと来る。その積み重ねがない状態で試合のときにいきなり「つま先体重」なんて言っても、逆にバランスを崩してしまうだけです。

では、あらかじめ修正ポイントのやり取りをしていない子に対してはどうするかと言うと、こちらへ呼んで手取り足取り動かしながら、ひとまず感覚をつかませます。たとえば頭が動いて前に突っ込んでしまう場合、そこを指摘したところで直らない。ですから、その場で構えさせて「後ろ（キャッチャー側）からお尻を押すから、こっちに押し返せよ～」と。そうやって軸足側へ体重を乗せるように促し、良い感覚のまま打席に向かわせるのです。あるいは体を真っすぐ立ててスイングが横振りになり、引っ張ったゴロばかり打ってしまう打者。この場合は「これをやってみな」と言って、バットを両腕で抱えて体を回す練習だけをやらせると、自然と体の回転が斜めになってくる。これは普段からやっているものですが、練習メニューによって感覚を気付かせるという手段を取ることもあります。

さらには、打者が低めのボール球の変化球に手を出してしまっているとき、「太ももから上に来た球を打とう」という意識をさせることがありますが、言葉で伝えてもやはり低めを振ってしまう子はいます。だから「太ももね」とだけ言って、本人にギュッと前足の太ももをつねらせる。そうすることで具体的なイメージを湧かせたりもします。選手の特性は人それぞれ違うもの。言葉でパッと伝えて理解させたり、実際にその場で体の動きを教えたり、イメージしやすいものを具体的に示したり。その子によってヒントの与え方は使い分けています。

試合中のメモも題材にしながら野球の共通認識を養っていく

チームとしての形を作るためには、当然ながら選手が試合での戦い方も理解していかなければなりません。その基礎を学ばせるために、昔はオフの日や雨の日などを利用して1～2時間のミーティングの中で座学をしてきました。しかし、現在は私が教員を辞めて平日は部活動指導員の立場なので、グラウンド以外の施設を勝手に使うわけにはいかない。したがって、LINEグループで送っている野球部ニュースの中にその要素も盛り込んでいます。たとえば「この前の試合ではこういうケースがあったけど、こうやって動いたほうがいいよね」とか「甲子園でこういうプレーがあったけど、どう思うか」とか。そうやって具体例を出しておいて、毎週水曜の練習前、職員会議の時間に行う選手だけのミーティングでそれを題材にして話し合うわけです。ここにも私が入るわけではなく、今では私と選手の間のミーティングはほとんどありません。昔は2時間も3時間もミーティングでいろいろなことを説いてきましたが、結局、そうやって時間を掛けてもあまり頭に残らないことのほうが多い。それよりも練習の中でその都度、大事なことを伝えていって、実際に成功も失敗も経験しながら自然と学んでいくほうが良いと思っています。

また試合では、以前からずっとスコアラーの隣に「ノート担当」という役割を設けていて、私が試合中にベンチ内でブツブツ言ったことを書き留めてもらうようにしています。そして、「ヒザ元を振っていたらワンバウンドに手が出ちゃうよ」「ここ（5対0でリード中）は1点取られても良い場面で、一番良くないのはチャンスをつなげられることだから前進（守備を）しなくて良い」といったつぶやきもミーティングの題材にしていく。試合中にパッと言っても子どもたちの頭には残らないので、冷静になったところで「あの試合のあのときは……」と分かりやすく文章化して振り返りながら、考え方を刷り込んでいきます。

一方で、メモの内容によっては試合中にすぐ対処することもあります。たとえばあるとき、守備でピンチを迎えたところで高めを苦手とする打者との対戦になり、私とキャッチャーとのアイコンタクトで「高めだよ。分かってるよね」「はい」というやり取りがありました。ところがミットを構えたのは真ん中に近いところで、結果的には投球がど真ん中に甘く入り、打球が左中間を抜けて失点。キャッチャーに「どこに構えたの?」と訊ねると「高めです」と返ってきたのですが、ピッチャーいわく「真ん中やや高めくらいに構えていたので、その高さはまずいと思いながら投げたらど真ん中に入ってしまいました」と。本人はそれまでずっとアウトコースの低めに構えていたため、そこから少し高い位置にしただけで「高めだ」と思い込んでしまっていたわけです。そのときの私のつぶやきは「自分では高めだと思っていても実は高めじゃない」。これはその場ですぐ修正できることなので、「アウトコース低めよりも高いというだけで、あれは高めじゃないよ。もっと高く構えないと」と感覚のズレを指摘。そうやって「その場ですぐ説明したほうが良いこと」と「後で課題として考えれば良いこと」に分けながら、野球の頭の部分の共通認識を作り上げています。

ちなみに今の時代はテレビでの野球中継も少なく、また公園や空き地などでのボール遊びもほぼ禁止されているため、子どもたちが幼少期から野球に触れる機会は少なくなっています。だからと言って野球好きな人が減ったわけでは決してなく、家族や友達とのイベントの一環としてプロ野球などを観に行く子は結構いたりする。ただ、じゃあテレビやネットで中継を見るかと言ったら、それよりもスマホをいじったりゲームをしていたりするほうが楽しいようです。そういう傾向も感じているので、少しでも野球に興味を持ってもらおうと卒業生の情報を伝えたりもしています。子どもたちにとって一番興味が湧きやすいのは、同じ学校を出た先輩たちのこと。教員時代は定期的に野球部ニュースを作って紙で配布していたのですが、現在はここでもＬＩＮＥグループを活用。プロへ行った横山とはメールのやり取りがあるので、「今は二軍に落とされてしまったけどこういう気持ちで頑張っているぞ」と子どもたちに響くようなエピソードを伝えたり、あるいは高校、大学、社会人でプレーする卒業生の活躍を伝えたり。また実際に試合の観戦に連れて行ったりもして、刺激を与えるようにしていますね。

全員に機会を与えるからこそレギュラー以外も大きく育つ

チーム力を上げるためには、選手一人ひとりの力を底上げする必要があります。私はそれを念頭に置いて指導しているのですが、向上心という部分では今はもう土台があるので、あえて私が促す必要はなくなってきました。昔は私が先頭に立って「もっと頑張れ」と引っ張っていたこともあります。しかし、だんだん結果が伴っていき、先輩たちの姿も見ながら「こうすれば試合に勝てる」「こうすれば上手くなって高校で活躍できる」という雰囲気が出来上がってきた。選手一人ひとりが高い意識を持っているということが、私たちのチームが上手く回っている要因の1つであることは確かです。

その背景にはやはり、野球の実力にかかわらず全員に同じ練習をさせ、全員に試合を経験させ、全員の成長をしっかり見ていくという指導スタイルがあると思っています。昔はレギュラーを中心に練習を進めていて、たとえばレギュラーがバッティング練習をするときは控えの子たちがずっと守備に就き、レギュラーがシートノックを受けるときは控えの子たちが走者をするスタイルでした。しかし現在は、Aチームの子がバッティング練習をするとき、Bチームの子は他のスペースで守備練習。必ずどちらも指導者が付いていて、お互いがメインとなって練習できています。

さらに試合では、スタメンで出る選手、途中出場する選手、試合に出ないでサポートに回る選手と立場はさまざまですが、それぞれの役割を固定したりもしません。練習試合では1試合目と2試合目でメンバーを入れ替えますし、一・三塁のコーチャー、スコアラーやノート担当、バット引きやボールボーイなどもみんなで交代して行う。公式戦の場合は当然固定しますが、その役割を決めるのも大会直前です。

と言うのも、もちろん組織の中で自分に与えられた役割を全うするというのも将来を考えると大事なことですが、中学生のうちから「誰々は代打」「誰々は代走」「誰々は三塁コーチャー」などと決めると、その子の将来の可能性を狭めてしまうと考えているからです。野球をやっている以上、基本的にはみんなレギュラーを目指していると思いますし、試合に出たいはず。早い段階で「あぁ、俺はもうレギュラーになれないんだ」「試合に出られないんだ」と諦めさせたくはないのです。

レギュラーだろうと控えだろうとベンチ外だろうと、野球が好きだという気持ちはみんな一緒。そこに対してしっかりと応えてあげなければ、「上一色」を選んでもらった意味がない。私はそう思っています。もともと人数が多いことは分かっているわけで、おそらく子どもたちは小学生のとき、親御さんから「レギュラーになれるとは限らないし、一度も試合に出られないかもしれない。それも覚悟しているの？」と聞かれているはず。それでも上一色中への進学を選択したというのはやはり、全員がしっかり練習できて上手くなれる、という部分に魅力を感じてもらえているからだと思っています。

そして大事なことは結局、自分が練習をしていて「楽しい」と思うのか、「苦しい」と思うのか。そこに尽きると思います。実際、AチームBの子たち以上にBチームの子たちが楽しそうにやっていることは多く、そんなときはAチームに対して「ほら、Bを見てみろ。あんなに盛り上がってやっているぞ」と言って刺激を与えたりもします。

またAの中でも、レギュラー以外の子のほうが素晴らしい姿勢を見せることもあります。

たとえば、今年はこんなことがありました。大会のある試合で、一人の控えの子がベンチから一生懸命に声を張り上げていました。みんなが大声を出している中でもその声はひと際目立っていたようで、試合後にある高校の関係者が来て「あの子の名前を教えてください」と言ってきたのです。そして、「控え選手であれだけ声を出せる子は、ウチのチームにぜひほしい。背番号2ケタでも技術的にはレギュラーと大差はないのだろうし、十分にやっていけると思います」と。本人に伝えると「僕、試合に出ていないんですけど……」とビックリしていました。

さらにあるときの試合後には、今度は別の高校の関係者が「スタンドで応援している子たちがみんなすごい。あの中に、今大会ではチャンスをもらえなかったけど高校では十分にやっていけるという子はいますか？」と聞いてきました。そこで「何人もいます」と伝えると、「近々、あの子たちが練習しているときに見学したいです」と。そして、Bチームの練習にわざわざ足を運んできました。また、これは過去の話ですが、「あんなに一生懸命にコーチャーをやっている子は、何に対しても一生懸命に取り組めるはずだ」ということで、特待生として私立高校に推薦で進学し、レギュラーとして活躍している子などもいます。

高校からの勧誘と言うと、どうしても体が大きくて強い子、すごい球を投げる子、すごい打球を飛ばす子、すごい動きが良い子ばかりが注目されていると思いがちです。しかし、試合を見てくれているのは決して野球の強豪校だけではない。それぞれがいろいろな基準で選手を評価していて、野球と向き合う姿勢の部分で「こんな子がウチのチームにいてくれたらいいな」と思ってもらえることもあるのです。そうやって人の心を動かせていることはすごく嬉しいですし、そういう子がいるとチームは間違いなく活性化し、自然と勢いも生まれてきます。やはり、全員を育てるという部分には大きな価値があるのだなと改めて感じますね。

投げ方を見てピッチャーを抜擢

試合を作る基準はコントロール

チームを作っていくときには、各ポジションの適性を見極めることも重要です。その中でもまずはピッチャー。これまでの経験上から言っても、試合を作れるピッチャーがいるかどうかでチームの勝敗は大きく左右されます。

ピッチャーの条件としては、まずは普段のキャッチボールの時点でスローイングがちゃんとできているかどうか。フォームのバランスが取れていることはもちろん、腕がしっかり振れて球の回転が良いとか、狙ったところにシュッと投げられているとか、そういったことが重要になります。一見すると体が大きくて強い球を投げる子なども良さそうですが、ガチガチになりながら力任せに投げているケースもあり、結局は良い球が続かないので難しい。逆に体が小さくて現時点では強い球を投げられていなかったとしても、キレイな投げ方で腕の振りや球の回転が良い子であれば、体の成長とともに一気に伸びてくる可能性はあります。

そして「この子はピッチャーができそうだな」と見極めたら、今度は傾斜のあるマウンドから本塁までの距離（18・44メートル）でどんな投球になるのか。ブルペンでのピッチングもそうですが、実戦練習で打者と対戦させたり、練習試合に投げさせたりして、試合を作る能力を判断します。それと、性格も重要です。いくら良い球を投げられたとしてもマウンドに立つとビビッてしまうようでは、試合では力を発揮できません。ただ、本当に気が弱くてダメな場合もあれば、経験を積ませていけば慣れて自信がついてくる場合もある。だから、すぐに「ピッチャーは向いていない」と判断して他のポジションへ移すのではなく、やはりある程度は辛抱強く投げさせてみることが大切だと思っています。

試合で主力として使えるかどうかの基準は、コントロールが良いかどうかです。どんなに球が速くても、ストライクが入らなければ試合が進まない。逆に球が遅くてもコントロールが良ければ打者を打ち取れる可能性はありますし、緩いカーブを投げてストレートを速く見せるなどのコンビネーションを武器にできたりもします。そうすると必然的に試合での球数は少なくなるので、その数字も1つの目安になります。

それとピッチャーの資質として絶対に必要だと思うのは、負けず嫌いかどうかです。たとえばガツンと長打を打たれたとき、「うわぁ」と気持ちが引っ込んでしまう子では難しい。1本打たれた途端にそこから四球などを出して自分からバタバタと崩れてしまうケースはよく見ますが、それだと上のレベルでは通用しません。逆にそういうピンチのときにこそグッとスイッチが入って、思い切って投げ込める子は伸びていきます。プロへ行った横山や深沢などはまさにそういうタイプ。また高校や大学など、先の世界で活躍している子もみんなそうでした。ある程度打たれるのは仕方ないとして、その後にちゃんと気持ちを入れて投げ切れるかどうか。1点を取られても2点目は与えないとか、そういうメンタルを持っているピッチャーはマウンド上でも信頼できます。

これは、必ずしも普段から気が強い子だとは限りません。生活をしている上では何となくフワフワしていながら、いざマウンドに上がったときに強さを出せる子もいます。よく「マウンド度胸」という言葉がありますが、それは生まれ持った性格で決まるものではなく、試合を通じていろいろなことを学びながら「こうすれば抑えられるんだ」と自信をつかんでいくことで得られるものだと思います。だからこそ、学ぼうという意思がない子も難しい。勉強と同じように、野球でも頭を使って考えるという部分は必要です。

さらに先の世界を見据えるという意味でも、ピッチャーには肩やヒジなどに異常が出ていないか、月1回くらいのペースで健診を受けてもらうようにしているのですが、体のことに対してしっかりと向き合う意識があるかどうかも大切です。あるいはトレーナーの指導日には投球動作を教えてもらったりもするのですが、そこで投げ方をきちんと理解しようという姿勢があるかどうか。週末に試合があるとして、1週間をどう過ごして体が一番良い状態を土日に持っていくか。そこを考えられる子は間違いなく伸びていきますね。

余談ですが、プロ入りしたOB2人はいずれも、中学時代はごく普通の生徒でした。横山は性格的にややヤンチャな部分がありながらも、決して目立つタイプではなく、もともとはキャッチャー。ただ、そのときから投げ方がサイドスローで、二塁送球がどうしても上手くいきませんでした。そこから本人の気持ちが沈みかけたため、一時はショートに挑戦させてみたのですが、送球がシュートするので今度はファーストが捕りにくい。それでも投げているボール自体は強い。じゃあサイドスローのピッチャーになってしまえばいいじゃないか、と。そんな発想でコンバートしたところ、腕を思い切り振ってガンガン押し込めるようになり、上手くハマっていきました。こういうケースでは投げ方のほうを矯正しがちですが、もともと横から投げている子を上から投げさせるようにするのは非常に難しい。そこを変えずに可能性を探ったことは良かったと思っています。

一方の深沢は、それこそ学校でもグラウンドでも本当に目立たなかったのですが、どこか気持ちに芯のあるタイプ。入学時は小柄なセカンドで、力はないけれども上手さを備えていました。そしてバッティング練習では、よく打撃投手を進んでやっていました。その姿を見ていると、球は遅いのですがいつもコントロールが抜群。そこで「お前はピッチャーだよ。そのうち体が大きくなったらすごい選手になるぞ」と言って、ピッチャーに挑戦させたのです。こちらも横から投げるフォームでしたが、実際に体の成長とともに球もしっかり強くなっていきました。

そして、このサイドスロー2人に共通して教えたのは「腕を真横に振る」のではなく「手首を立ててやや上から叩くように腕を振る」ということです。それなりに強い球をただ横から投げるだけでは、上の世界では通用しなくなる。だからこそ、「オーバースローと同じ感覚で強く叩いて球威を出すことが大事だよ」と言い続けました。将来の可能性を見据えて指導したことが生きた、典型的なケースではないかと思います。

キャッチャーは特殊なポジション 内野はゴロ、外野はフライの処理を磨く

ピッチャーはキャッチボールによって可能性を見出していきますが、他のポジションに関しては学童時代の経験や本人の希望などもあるので、まずは何となくスタートします。特に1年生のうちは自分が守りたいところに入っているケースがほとんど。ただし、コーチ陣には紅白戦などを通じて、いろいろなポジションを経験させながら適性をチェックしてもらうようにしています。

その中で、特にキャッチャーは誰でも務まるわけではないので、こちらから抜擢する形になります。スローイングが良いことはもちろんですが、防具を着けながら何度

もしゃがんで立ち上がって、というのを繰り返す苦しいポジションでもあるので、我慢強さも必須。さらに、私たちのチームでは打者の得意なコースや苦手なコースを見ながらの配球も求めており、周りの状況を見て瞬時にいろいろと考えられる頭の良さも大切です。ただし、これは絶対というわけではなく、逆に考える力はイマイチでも、真面目で素直な部分を持っていれば、こちらが教えたことをしっかりと吸収してくれる。これもまた良いキャッチャーになります。あとはリード面。ピッチャーを引っ張っていける気持ちの強さを持っている子か、もしくは落ち着いてピッチャーを導ける安心感がある子か。相性もあるのでどちらが良いというわけではないのですが、こういう性格も兼ね備えていれば理想的です。

ちなみにキャッチャーというのは、そもそも野球を始めたときに率先してやりたがる子が少ないものです。そして特殊なポジションだからこそ、学童野球での経験者も「お前しかできないからキャッチャーをやれ」とチーム事情で押し付けられてきたケースが多い。しかも、そのときに腕を小さく畳んですぐトップの位置に上げていくスローイングを教えられていたりすると、他のポジションを守ったときには足の動きとリズムが合わないので、結果的にコンバートの幅も狭めてしまいます。したがって、キャッチャーだからと言って特別な投げ方を教えるのではなく、認識はあくまでもキャッチボールの延長。ボールを捕ってから腕をしっかり回して、一連の流れで投げるように指導しています。

内野手と外野手に関しては、新チーム結成後に試合を重ねながら全体のバランスを見て、自然と決まっていく感じです。全員が複数ポジションを守れるほうが試合出場の幅も広がるので、「お前は内野」「お前は外野」などと固定したりはせず、臨機応変に動かしていきます。それぞれの希望だけで言うと、圧倒的に内野手が多く、外野手をやりたがる子はあまりいません。そんな中で内野にいてほしいのは、周りに積極的に声を掛けられる子。また、状況の確認やフォーメーションなどをしっかりと理解して伝えられる子。性格面では元気が良くて、明るくて、しっかり喋れるというのが重要です。

それに加え、技術面ではもちろんキャッチボールの捕球と送球がしっかりできることが前提。そして、内野ゴロを一連の流れで処理できることが大切になります。内野ゴロはアウトにできる秒数が決まっており、プレーのスピードも送球の強さも要求されます。だから、練習では「ゴロを捕ってからすぐステップして投げる」「ゴロを捕ってから3ステップして強く投げる」というものを繰り返し入れて、体に捕球から送球までのリズムを染み込ませていきます。また、試合では何が起こるか分からないので、「わざとエラーして近くにこぼれたボールを握り直してから投げる」「わざとトンネルをしたりダイビングで弾いたりして、カバーに入った他の選手がすばやくボールを拾って投げる」など、練習にさまざまなバリエーションをつけて対応力も磨いていきます。特に冬場の約3か月間はこういった練習をドリルにして何度も繰り返し、体の使い方を養うことが多いですね。

内野のポジションの考え方ですが、野球では基本的にセンターラインに当たる二遊間が重視されます。ただ、中学軟式は数年前にもともとのB号球からM号球へとボールの規格が変わっており（18年より本格的に導入。従来よりも硬式球に近づき、打球が飛びやすくなってバウンドは抑えられている）、しかも打者は最先端の複合バットを使用することも多いので、今では打球が明らかに強くなりました。左右の打者が強く引っ張る打球も増え、ファーストとサードにも今まで以上に打球処理の技術が求められています。つまり、内野手はどのポジションであっても、基本的に低くて強いゴロに対応できなければならないということです。そして、右打者はいわゆる〝走り打ち〟がない分だけ強く振り切るため、特に引っ張った左方向の打球が強く、一方でそちらへ引っ掛けたボテボテのゴロも多くなる。ですから守備範囲の広さも必要で、〝内野の要〟と言われるショートだけでなく、サードにもグラブさばき、フットワーク、スローイングがより良い選手を入れます。さらにセカンドも、昔はとにかく体を使って止めて短い距離を投げればいいというイメージでしたが、今の打球の強さを考えるとそうはいかない。ここにも上手い選手を配置しなければなりません。ファーストは送球を捕る機会が多いため、できればキャッチングが上手い選手を置きたい。1試合の中で少なくとも1～2個は送球がショートバウンドになったりするもので、そこでアウトを取れるかどうかはすごく大きいでしょう。また、送球が高く浮いたときにもミットが届くということを考えると、背が高いほうが絶対に有利。大柄であれば投げやすくもなりますし、大きくて守備力が高いファーストがいるときというのは、チーム全体の守備も上手く回ります。

続いて、外野手。こちらは広いスペースを動き回って長い距離を投げなければいけないので、基本的に足の速さや肩の強さがあると良いのですが、私が最も重視しているのはフライに対する〝球感〟です。キャッチボールで自分に向かってきた球を取るのと空間に浮いているフライを捕るのとでは、感覚がまったく違う。足が速くてスローイングも良いから、という理由で内野の子に外野を守らせてみることもよくありますが、意外と苦戦しています。人によっては、思い切り前進したらボールが頭上を通り越して後ろに落ちたり、逆に後ろへ下がりすぎてボールが前に落ちたりすることもある。外野の打球判断もまた特殊な技術です。

外野をしっかり守れるかどうかはシートノックの動きで見極めていきますが、〝球感〟を磨くのは手でフライを投げ上げてもらう練習です。これは1年生のうちから何度も繰り返し行っています。ノックをひたすら続けたところで、ボールの落下点に行けない子はいつまで経っても行けないので、近い距離でフライの〝球感〟を磨くほうが良い。「体を切り返して真後ろに走りながら捕る」「斜め後ろに走りながら半身で捕る」

といった練習を地道に続けていくと、2年生になったときにはノックの打球ならだいたい捕れるようになります。そして私たちの場合、校庭はスペースが制限されてフリーバッティングなどで守備に就いたりはできないので、実際の打球の感覚を養っていくのは河川敷のグラウンドで行う紅白戦。このときはピッチャーがフワッと緩い球を投げ、あえて打球が外野へ飛びやすいようにしています。そうすると外野手の実戦練習にもなりますし、内野手も走者の動きに対応しながら中継プレーなどの練習ができる。さらに、打者にとっては遅い球を遠くへ飛ばす練習、走者にとっては打球判断の練習になるので、それぞれにメリットがあります。

外野の3ポジションの考え方としては、広範囲を守るセンターにはできれば足の速い子。左右に走ってフライを捕れる子を置きたいところです。ライトは中学軟式の場合だとライトゴロのチャンスが結構あるので、内野手と同じようにパッと捕ってすばやく一発で投げられるかどうか。フライの〝球感〟を持っているのと同時に、ゴロ処理もしっかりできなければなりません。また右打者が振り遅れ、擦ったようにして外側へ切れていくという難しい打球がよくあるため、球際の強さも求められます。そして送球のシチュエーションも多いので、スローイングの良さも重要です。レフトは、右打者が引っ張ったときの強い打球の処理がメイン。基本的にはフライが捕れれば及第点で、どちらかと言うと打力重視ですね。あるいは、交代したピッチャーをそのまま試合で残しておきたいときなどには、レフトの守備に就かせることが多いです。

チームの基本は「打ち勝つ野球」足も絡めて積極的攻撃を仕掛ける

野球の戦い方の部分では、私はこれまで「打ち勝つ野球」を掲げてきました。

軟式野球は昔から「なかなか点が入らない」と言われています。したがって、まずはピッチャーを中心とした守備で最少失点に抑え、攻撃では細かい戦術を駆使して走者三塁を作り、スクイズやセーフティーエンドランなどで確実に1点ずつ取っていく。ロースコアで粘り勝つ、いわゆる〝スモールベースボール〟のスタイルが長らく主流でした。そんな中でなぜ打ち勝つスタイルを目指すのかというと、子どもたちの将来を見据えた指導を第一に考えているからです。

中学卒業後、選手たちの多くは高校へ進み、硬式野球の世界に入ります。軟式から硬式に移行する際、最も大きな壁に当たるのがバッティングです。普段から軟式用のバットとボールの特長を生かして上手く当てたり叩いたりしていると、もちろん目の前の試合には勝てるかもしれませんが、高校から先では困ってしまう。だからこそ、私は選手たちに高校でも通用するスイングを身に付けさせて、遠くに強い打球を打っていく野球をしたいと考えてきたのです。

それを前面に押し出しながら15年夏には初めて全国大会に出場し、準決勝まで勝ち上がりました。ただ、最後は優勝した門川中（宮崎）に2対10で大敗。そこで得た教訓は、全国で勝ち上がるためにはまだまだバッティングの力が足りないということ。逆に言えば、全国で勝つためには、バッティング技術を上げていくということが絶対的な条件だと思っています。また、準決勝は準々決勝とダブルヘッダーだったため、先に投げていたエースには登板イニングの制限があり、他のピッチャーで臨んで初回に大量8失点。つまり、複数のピッチャーをしっかり育て上げなければ、そこから上には行けないということも感じました。私たちが目指すレベルの基準は、ここから「全国大会で勝てるチーム」になっていったわけです。

ならば具体的な考え方は、と言うと、攻撃面ではまず「積極的にストライクを振る」という意識をチーム全体に浸透させています。以前、ある高校の監督から「硬式出身の子はカウントを追い込まれてもバットを思い切って振れるけど、軟式出身の子は強く振れないイメージがある」という話を耳にしました。そういう傾向があるとしたらおそらく、普段から細かい野球を叩き込まれていてフルスイングをする習慣がなかったり、あるいはここぞという場面でのミスを叱られることが多かったからでしょう。最近は中学軟式においても、バットの進化やボールの規格変更などもあって、空振りを恐れずに思い切り強打するスタイルのチームがかなり多くなってきたような気がします。私の中でもやはり、まずはどんな状況でもガンガン振っていく姿勢を見せて相手に強打のイメージを与えたい。そこは前提にあります。

ただし、むやみやたらにブンブン振っているだけでは、今度はバッティングが雑になってしまいます。特にヒザ付近の低めを振っていると変化球のボール球にも手が出て一気に確率が下がってしまうので、意識は「ヒザ元は振らない」「太ももから上を打つ」。高めに甘く入ってきた球を打つ、いわゆる〝好球必打〟ですが、これも打席で徹底しています。

さて、そうやって出塁したら、今度はどうやって走者を進めていくかを考えます。と言っても、私が打者に出すサインは基本的にすべて「打て」。指示としてはサインを出していないのとまったく同じで、「ノーサインのサイン」などと呼んでいるくらいです。「じゃあサインを出さなくても良いじゃないか」と思われるかもしれませんが、やはりサインを出すタイミングを作っておくと、1球ごとに打者は必ずこちらへ視線を送ります。私はそこで目を合わせて、「頑張れよ！」「どんどん打っていけよ！」と背中を押してあげたいのです。そして、打者に対しては実質ノーサインではあるのですが、走者には常に積極的な走塁を促し、サインでバンバン走らせたりもするので、基本的な戦術としてはランエンドヒット（走者が盗塁を仕掛け、打者はその動きを見ながら打ちたい球を選択して打つ戦術）を多用する形。打者には普段の練習から「ボールを芯でとらえてセンターから逆方向に強いライナー」という意識を持たせており、いつも通りのバッティングができれば自然と相手守備の間を狙ったような打球になります。走者一塁であれば、得点の可能性が高まる走者一・三塁を作ったり、外野手の間を抜けて長打で1点を狙ったり。そういう攻撃を心掛けています。

ランエンドヒットでは、打者と走者にそれぞれ約束事があります。まず、打者は走者の動きを見ながら対応すること。基本的には良い球が来たら打つのですが、状況によっては走者の動きを優先し、あえて見逃したり空振りしたりして盗塁を助けていくことが求められます。たとえば二死一塁でストライクが来た場合、中途半端に打ってアウトになったら終わってしまうわけですから、しっかりと打っていくか、もしくは走者を助けるのであればバットに当てようとするのではなく、思い切って空振り。ただし、変化球の場合は走者がセーフになる可能性が高いので、ストライクでも見逃さなければなりません。一方、走者は常に「盗塁をしているんだ」という認識を持つことが大事です。ちなみに、戦術としてヒットエンドラン（走者がスタートを切って打者がすべての球を打つ戦術）ではなくランエンドヒットを選択しているのは、前者だと走者が「打者は打つだろう」と考え、スタートや走るスピードがやや疎かになりがち。さらに打者にも「絶対バットに当てなきゃいけない」というプレッシャーが掛かり、失敗のリスクが高くなるからです。

こういう野球を目指すのであれば当然、全員が走塁の意識を高く持つことも重要になります。ただ、そのポイントとしては「常に先の塁を狙う」という姿勢しかありません。後ろに戻ることは考えず、絶えず前へ進むイメージを持つこと。子どもたちに「走りたかったら走っても良いよ」と言ったところで、「失敗したらどうしよう」と考えてなかなか走らないので、とにかく盗塁のサインをたくさん出して走る習慣をつけさせています。結果的にはけん制球で逆を突かれたり、先の塁でアウトになったりもしますが、それは経験を積んで判断力を磨けばいいだけの話です。なお、中学生によくあるのは、盗塁のサインを出した途端にリード幅が通常と変わってしまうケースです。相手に「これから走るよ」と知らせているようなもので、リード幅を小さくしていてもけん制球で刺されてしまう。それでは意味がないので、基本的にリード幅は一定をキープ。4メートルを基準にして、自分のリード幅というものを意識させています。

走塁の技術に特化した練習は、実は頻繁にやっているわけではありません。そもそも校庭が狭くて平日は実戦練習ができないので、普段の走塁に関しては河川敷で紅白戦や練習試合などを積みながら覚えていくしかない。ですから、技術を教え込む練習は2〜3か月に1回程度。都大会までは「打ち勝つ」がメインで、そこから関東大会や全国大会に向けて「打ち勝つ＋走る」を目指して突き詰めていくような感覚です。とは言え、練習試合などでは常に相手のバッテリータイム（ピッチャーのクイック、キャッチャーの二塁送球）を取るようにしていますし、走者のタイムと照らし合わせて「行ける」と判断すれば、もちろん盗塁は仕掛けます。やはり、普段から足は使っていくことは意識していますね。

と、ここまでの説明で、バントやセーフティーエンドランなどの小技はまったく使わないというイメージを抱かれていると思います。でも一応、そういった細かい戦術のサインもひと通り作っていて、実は練習も積んでいるのです。

たとえばバントについては校庭で練習する際、バントだけで試合をする「バントゲーム」などを行っています。これはバント技術を磨くだけでなく、攻撃側はどうやって走者を進めて得点するか、守備側はいかに阻止していくか、狭いスペースで実戦の考え方を養うことができます。また、中学時代には一切使わなかったとしても、高校野球から先の世界ではバントを求められるケースが出てくるはず。そのときの引き出しとして身に付けておく、という意味合いもあります。

一方、セーフティーエンドランに関しては、ボールの規格が変わってからは試合で一度も使ったことがないのですが、バウンドが高く弾むB号球の時代には意表を突いて何度か使っていたことがあります。ただし、その場で点が入るというメリットはあるものの、あえて叩きつけてゴロを打つという技術は高校から先の世界にはつながりません。そもそも通常のバッティングにおいても、中学生に「ゴロを打て」と言うと極端に上から叩こうとしますし、逆に「フライを打て」と言うと思い切り下から振り上げようとしたりするので、スイングのバランスが崩れやすい。セーフティーエンドランをしているとさらにその傾向が強くなってしまうので、あくまでもバットの芯とボールの芯を正面衝突させることを基本に置いています。

戦術の考え方はもちろん人それぞれですし、決してスモールベースボールが悪いとも思っていません。ただ、あくまでも私たちのチームの場合は「打ち勝つ野球」を目指しているので、普段の練習での意識などを考えても、コツコツと小技を絡めていくことよりも積極的に打っていくことのほうが得点の確率は高いと考えています。また、イメージとしては無死一塁からの送りバント、あるいは走者三塁を作ってからのスクイズやセーフティーエンドランは確実な作戦だと思われがちですが、決してそうとは言えないとも思っています。たとえば無死一塁からバントを2度失敗し、2ストライクに追い込まれたので開き直ってヒッティングに切り替えたら、長打が飛び出して1点が入ったというケースはよくある。もちろん無死一塁でヒッティングというのは、内野ゴロでゲッツーになったり、平凡な内野フライが上がって走者を進められなかったりというリスクもあります。しかし、どんな作戦にもメリットとデメリットがあるわけで、送りバントで走者を進めて一死二塁を作ったからと言って、打率は良くても3～4割。結局はかなりのパーセンテージでアウトになるのです。どこかで「裏目に出たら仕方ない」と割り切っていくことが大切だとも思っています。

さらに走者三塁でのスクイズやセーフティーエンドランで言うと、打者はサインが出た瞬間に「ベンチもここが大事な1点だと考えているんだな」と感じ取り、「絶対に決めなきゃいけない」という考えになりやすいもの。しかも相手は当然警戒していて、ピッチャーのレベルが高くなれば上手くゴロを転がすのもより難しくなるわけで、実は失敗する可能性も結構あるのです。また、アウトになってから切り替えようと思っても、次打者には余計にプレッシャーが掛かっているのでなかなか打てない。そう考えたら、その打者に最初から本来のバッティングをさせたほうが確率は高いのではないかと。そして私は、むしろそういう場面で思い切ってバットを振れるようにしてあげることが自分の役目ではないか、と思っています。

先を見据えて「打ち勝つ野球」を掲げている上一色

第4章
高校につながる技術の習得

「練習メニューの楽しさ」と「上手くなる楽しさ」を感じさせる

これまで何度も言い続けてきたように、私は「先の世界につながる指導」を常に意識しています。特に選手たちの多くは卒業後に高校野球を始めていくわけですから、いかにそこで活躍できるような土台を作っていくか。中学野球の段階でレギュラーだろうが控えだろうがベンチ外だろうが、全員を上手くしてあげなければいけないと思っています。

そして、選手が上手くなるために重要なのは、まずは彼ら自身が楽しんでやれているかどうかです。中学生の場合、みんなでただワイワイ盛り上がったりふざけ合ったりすることが「楽しい」となりがちですが、決してそういうことではありません。私が言う「楽しい」には2通りの意味があって、1つは自分が取り組んでいる練習メニューそのものに楽しさを感じられるかどうか。もう1つは、逆に苦しい練習を何度も反復しなければならないときもある中で、すべてを乗り越えれば上手くなれるという部分に楽しさを感じられるかどうか。この2つを味わわせるためには当然、普段から飽きさせないように練習メニューを工夫することが必要ですし、練習によってちゃんと上手くなっているんだという成果を証明するために、必ず実戦を経験させるということが大事です。

チームのトレーナーをしてもらっている塩田雅夫さんがあるとき、選手たちに「今日も上手くなろう」という声を掛けていましたが、私はすごく良い言葉だなと思いました。その日に何か1つでも「上手くなった」と思えるものがあったかどうか。「今日は良い球を投げられた」「強い打球が飛んだ」「少し感覚が分かってきた」……。そうやって1日ずつ、選手が自分の進歩を感じられれば、どんどん野球が面白くなって自然と上達していくものだと思います。

では、そのために私たちはどんな工夫をして普段の練習を進めているのか。いくつかポイントを紹介していきます。

練習の進め方

与えられたスペースを活用して全員で均等に練習を積む

前にも触れた通り、私たちのチームは1年生が入学してから夏までは「A・B・1年生」という3チームに分けて活動し、3年生引退後には再編成して翌年の春まで「A・B」の2チームで活動しています。練習の場所と時間は、平日（部活動）は校庭で放課後の2時間程度。休日（クラブチーム）は主に河川敷のグラウンドで半日程度。月2回の月曜はトレーナーの指導日（他の月曜はオフ）、火曜はオフにしているので、通常練習をするのは水木金の3日間ということになります。

校庭のスペースが限られ、さらに私たちのチームは人数も多いので、水木金はスペースを工夫して使いながら個々の能力を高めることに特化して練習をしています。チーム全体で「打ち勝つ野球」をテーマにしていることもあり、Aがバッティング練習をし、他のスペースでBが守備練習をするのが基本です。1年生チームは担当コーチが土台作りのメニューを組んでいるので、A・Bとはまた別に練習を進めていきます。なお、Aの選手でも「守備練習をしたい」という要望があれば、さらに空いているスペースで個人ノックなどを行うこともあります。そして休日は河川敷で広いグラウンドを使えるので、練習試合や紅白戦なども入れながら実戦練習をしていきます。学校練習のときはBがバッティング、Aがシートノックなどの守備がメインと、内容を入れ替えます。平日よりも長い時間になるわけで、1週間のトータルで考えたときに、AもBもバッティングや守備を同じだけ練習できるように組んでいるわけです。

全員が練習で必ず行うのは、まずは棒体操です。両手にバーを持った状態で肩甲骨を動かしたりと、各関節をしっかり使えるようにストレッチを行ってケガの予防を促しています。さらに全員でウォーミングアップを行った後、キャッチボールも毎日必ず十分に時間を確保するようにしています。その後は各チームに分かれて練習。バッティング練習に関しては鳥カゴを何か所も作り、マシンや手投げなどさまざまな設定をする。その裏ではネットとティースタンドを用意し、ティースタンド打ちもできるようにしています。そして3人1組で各場所をローテーションさせ、「次はこっち」「その次はあっち」と短い時間でさまざまなボールをどんどん打ちながら、対応力を高めていきます。

ちなみに鳥カゴの中にはピッチャーと一対一で対戦する場所も必ず作っていて、普段から真剣勝負を行う習慣をつけておくことで、打者だけでなくバッテリーの育成も並行。さらに校庭の片隅には2か所のブルペンがあり、ピッチャー本人が「今日は打者に投げるのではなくて投球フォームを見てほしい」とか、「こういう部分に課題があるから練習をしたい」と言ってきた場合はブルペンでピッチング練習も行います。ただし、これはあくまでも自己申告。中学生は成長期でもあるので、いわゆる〝投げ込み〟はできるだけやらないようにしています。

練習の工夫

さまざまな変化をつけて選手に刺激を与える

これまでの試行錯誤を経て、練習メニューに関してはある程度の形を確立することができています。とは言え、毎日ずっと同じことを続けているだけでは選手が飽きてしまいますし、惰性になって成果が見えてこないと気持ちも上がっていきません。したがって、選手たちの状況を見てタイミングを測りながら、「今日はこういう練習も入れてみよう」「こういう意識でやってみたらもっと上手くなるよ」という要素をプラスしたりもしています。

そもそも通常のバッティング練習で何か所も鳥カゴを設置していろいろなボールを打たせているのも、メニューに少し変化をつけることで飽きさせないという効果を狙っている部分はあります。そして、たとえばティースタンド打ちでは芯の狭い竹バットなどでソフトボールを打つことにより、打感をしっかりと得て芯でとらえる技術を高めつつインパクトの強さも養うという狙いがあるのですが、これをやった直後に今度はピッチャーと対戦して強い打球を飛ばせたとすると、この2つの練習がつながりを持つようになります。そうやって成果がハッキリと見えてくれば、練習も楽しくなってくる。だからこそ、バリエーションを持たせることは重要です。

また、練習メニューだけでなく、いつもとは違う経験をさせることで選手たちに刺激を入れることも大切です。私はありがたいことに指導者を長年続けてきた中でいろいろな人とつながりを持つことができたのですが、そういう方々との接点にも選手たちは興味を持ちます。

たとえば、近年はピッチャーのショートアーム（ヒジを曲げたままコンパクトに腕を畳んで上げる投げ方）が広く知られていますが、あるとき、そのことについて動作の専門家の先生と話す機会がありました。それによると、ダーツのようにコンパクトに腕を振るだけで済むのでコントロールはしやすくなる。ただ逆に球速は落ちやすく、またやり方によってはヒジに負担を掛けてしまうケースもある、と。そして、あくまでも「ショートアームはコントロールを上げるためにやるもの」だという認識にしておけば、大きく回しすぎていた元の投げ方とのバランスが取れて、ちょうど良い状態に収まるのではないか、とのことでした。そうやって私が学んできたことは選手たちにも伝えていて、しかも「これを試してみたらどうだ」とただ言うのではなく、「こういう先生に話を聞いてきたんだけど……」と言って詳しく説明もします。だからこそ説得力が生まれますし、選手もちゃんと理解して取り組めるようになる。実際、私たちのチームでもピッチャーにはショートアームを勧め、確かに球速が落ちた時期があったのですが、最終的には良いバランスに収まって球速も戻っていきました。

また、他の人に直接教えてもらうことも新鮮で、今年は縁があって元プロ野球選手や元メジャーリーガーの方に指導していただく機会があったので、子どもたちも耳を大にして話を聞いていました。そのうちの1人のピッチャーは、アドバイスのおかげで急激に成長。内容としては私が普段伝えていたことと同じなのですが、やはり実際に第一線で活躍してきた人から言われると大きく響くものです。「いいね！　今の！」などと言われてどんどんその気になり、翌日の試合では完璧なピッチング。また、そのおかげで「西尾先生はプロの世界で活躍してきた人と同じことを言っている」ということにもなるので、私の言葉にも説得力が増していきます。

子どもたちはふとした瞬間に何かが急にポンッとハマり、一気に上手くなっていくことがあります。だからこそ、いろいろなものを採り入れたり、いろいろな人と出会ったりすることは大切だと思っています。

守備の意識

まずはキャッチボールを重視
普段は個々の能力を高めておく

私たちは「打ち勝つ野球」を目指していますが、だからと言って守備を疎かにしているわけではありません。先述のようにキャッチボールは毎日しっかりとやっていますし、特に「投げる」という要素はすべての動作の基礎になるので、最も重視しています。

校庭のスペースを考えると普段は最大40メートルくらいの距離しか取れないのですが、選手たちに意識させているのは「低くて強いボールを投げること」。実際のところ、試合で大遠投が必要になるケースというのはほとんどないですし、40メートルをしっかりと投げることができれば十分です。また、校庭でキャッチボールをするときは人数が多くてギュウギュウになり、左右1メートルに隣の人がいる状況なのですが、普段からそれに慣れているのでみんな自然とコントロールが良くなる。シートノックなどでも送球のラインがズレることなくピュッと投げるので、さまざまな高校の関係者からもキャッチボールやノックを褒めてもらえることが多いです。それがまた選手たちのモチベーションにもなっていて、「40メートルをしっかり投げる」ということをむしろ楽しんでやっているようにも見えます。

なお、河川敷のグラウンドではしっかりと距離が取れるため、休日は遠投もしています。体を大きく使って強いボールを投げるという感覚を得られるので、これはこれで重要なことです。さらに、実は近い距離でばかり投げているとアゴを締める癖が付き、たとえばピッチャーがボール球ゾーンに大きく外したいときも逆にストライクゾーン付近にまとまってしまいやすいのですが、遠くに投げるときは自然とアゴを上げることになるため、外すボールを投げる感覚も分かってきます。

話を戻します。キャッチボールでは、捕り手の構え方も大きなポイントです。投げ手は相手の胸あたりを目掛けていくことが基本。ただ、右投げ同士のペアであれば捕り手が自分から見てやや右側にグラブを構えていることが多いため、やはり少しだけ右側へボールを投げやすくなります。それでもちゃんとコントロールできているうちは問題ないのですが、いざ実戦の守備となると対角線に投げることも多くなるのです。たとえばサードやショートが前に走ってボテボテのゴロを捕りに行き、そこから体を切り返してファーストに送球するケース。このときにいつもの感覚で投げると、体を左側へしっかり切り切り返すことができず、ボールが右側へ大きく逸れてしまいます。ですから、右投げ同士のキャッチボールで捕り手がグラブ側（投げ手から見て右側）にばかり構えていたり、また投げ手のボールが少し右側に抜けていくことが増えてきたりした場合には、いったん練習を止めて「グラブがある左側は構えやすいかもしれないけど、常にそうやって構えていたら相手は対角線に投げにくくなっちゃうよ。だからちょっと右側に構えるのもアリだよ」と伝えます。ちなみにこれは右ピッチャーが右打者のアウトコースに投げるときも同じで、投げやすいのはプレートの一塁側を踏むことですが、対角線に角度をつけたいのであれば三塁側を踏んで練習しなければなりません。

試合での守備という意味では、私たちの場合はシートノックや実戦練習ができるのは休日だけになるので、週1回あるかどうかというわずかな機会で身に付けていかなければなりません。ただその代わり、普段のキャッチボールの中でも実戦を想定し、たとえばわざとボールをこぼしたところから拾ってすばやく投げるなど、さまざまなバリエーションで体の使い方は磨いています。さらにAチームの子はバッティング練習の合間に個人ノックを入れたりしていますし、Bチームの子や1年生であれば個々の能力を伸ばす守備練習はしっかりと積んでいる。要は全体で合わせる機会が極端に少ないだけで、守備をまったく鍛えていないわけではないのです。また、シートノックなどはどうしても指導者側に熱が入りやすいもので、頻繁にやっていると選手がただストレスを感じる練習にもなってしまいやすい。そういう意味では、普段はとにかく個々の能力を高めておいて、週1回程度、グッと集中してシートノックをやるくらいのバランスのほうが、中学生にはちょうど良いのかもしれない。そうやって前向きにとらえています。

ボールを投げる技術

普段は何も言わずに見守りタイミングを見て基礎を教える

体の使い方を養う上では、まずは「投げる」という技術が大切。ただし、普段のキャッチボールなどで投げ方のことを指摘すると、子どもたちは余計なことを意識して投げられなくなってしまいます。たとえばトップを作るとき、右投げであれば三塁側にちょっと右手を向けると腕がうまく回旋していくのですが、できていない人にアドバイスしたところで感覚が分からない。ですから、普段は何も言わずにジッと見守ります。基本的にはそれぞれが思いのままに投げてもらって構わないですし、特に入学したばかりの1年生などは、とにかく「上一色中に来て良かった。野球ができて楽しいなぁ」と感じていればそれで良いと思っています。

そして技術を教えるのは、3年生が引退して新チームがスタートした夏のタイミングやシーズンオフの冬場など、基礎を見直していく時期。ここで「キャッチボールデー」を作り、時間を掛けてきっちりと教え込んでいきます。

　最初に教えるのはボールの握り方。これだけでも意外と知らない子が多いもので、人さし指・中指・薬指の3本を縫い目に掛けていたりする子も結構います。人さし指と中指の縫い目への掛け方、また指の隙間を詰めればよりスピンが掛かることなどを教え、「上手く指に掛からない場合はお風呂の中で握って、いったん湯船に沈めてからピュッと切ると良いよ」などと簡単な練習法も伝えていきます。そうすると、だんだん良い回転で投げられるようになっていく。あとはグラブ側の手の使い方もいくつかの種類を教え、自分に合うものを身に付けさせていきます。

　それと中学生に多いのは、投げるときにヒジが上手く上がらないケース。この場合は一生懸命に意識して投げ続けても難しいので、まずは家でもできる簡単な練習メニューを提供します。具体的に言うと、まずボールを持ったら最初からヒジを肩のラインまで上げた状態にして、ヒジのすぐ上あたりの前腕部分にもう一方の手を当てておく。そしてボールを真っすぐ見せたまま腕を振るのですが、腕が体の真横に来たときにもう一方の手をポンッと前腕部分に当ててヒジの動きを止めていきます。そうするとヒジが上がった状態のまま腕が伸び、ヒジから先がパッと返って手が走っていくのです。これで正しい腕の振りとボールが指に掛かる感覚が分かってくるので、今度はそこに体の回転をつけていく。そうやって順番に教えていますね。

バッティングの意識

体の後ろで少し弧を描きながらラインに入れて長くスイングする

バッティングは私がずっとこだわりを持ってきた部分。教え子たちが実際に中学卒業後に活躍できているかどうかもしっかり確認しながら、先の世界でも通用するスイングというものを追求してきました。

バッティング指導で最初に伝えるのは、スイング軌道です。もちろんスイング自体の強さや体の使い方なども大事ではあるのですが、まずは目指しているスイング軌道をどうやって身に付けるかが重要。ポイントをひと言で言うと「レベル（水平）に振ってスイングを長くする」。今はそれを身に付けるための練習方法をしっかりと作り上げることができたので、あとは選手がそれを信じて一生懸命にやれるかどうか。彼らには「これをやれば間違いなく打てるよ」と伝えています。そして、練習や試合の中で「こういう打球が打てるようになった」「大事な場面でヒットが打てた」といった経験を積んで自信をつけていけば、それがメンタルトレーニングにもなって勝負強さも備わっていく。技術を鍛えることでメンタルも自然と強くなっていくのだと思っています。

スイング軌道についてもう少し詳しく言うと、バットを構えたところからボールに向かって斜めにスパッと出していくのではなく、バットを落としていく場所をもう少し体の後ろのほうにして、弧を描きながらボールのラインに入れていくイメージです。極端に言えば、キャッチャーが構えているミットの前にバットを落として、後ろから大きく振っていく感覚。投球というのはピッチャーのリリースポイントからキャッチャーのミットに向かっていくわけで、逆にミットからリリースまで線を引っ張り、そこにバットを入れていけば、前でも後ろでもボールをとらえることができます。また、肩口からバットを出していくためにもやや前屈みに構えて後ろの肩を落としていくので、体は自然と斜めに回転し、バットの角度としては下から振り上げていく軌道になります。一見するとアッパースイングにも見えますが、レベルスイングというのはバットが地面と平行になるのではなく、自分の肩のラインと平行になるスイングのこと。ボールを上から叩くのではなく、体を回しながらレベルに入れてとらえていく意識が大切です。

気を付けなければならないのは、このスイングでバットを落として振っていくと、手を伸ばして気持ちよく打てる低めへの意識がだんだん強くなり、逆に下からすくい上げるようなスイングになってしまいやすいという点。こうなると高めを打つのが苦しくなり、打ちごろの甘い球も逃してしまいます。だからこそ、私は普段から高めを基準にするように促しています。このスイングで高めを打つ意識があれば、低めには簡単に対応できる。これも練習の中でかなり重視しているので、実際に選手同士で素振りをしながら「ちょっと見て。高めのスイングできているかな?」などと確認し合っている姿をよく見ます。

ボールを打つ技術

バットを放り投げるイメージで手首を返さずに強く打っていく

スイング軌道については先述の通りですが、打球に関しては「右打者は右中間、左打者は左中間」にライナーを目指しています。そもそもスイングを長くしてボールをとらえられるポイントに前後の幅を作っているわけで、右打者なら右中間を意識しておけば、少しポイントが後ろにズレてもライト線、少し前にズレてもレフト前と、ヒットの幅が広がります。そして、そのためにはボールをとらえたら手首を返して思い切り引っ張るのではなく、手首を返さずにバットを打球方向に放り投げていくイメージが大切。ボールをとらえてから押し込むというのも少し違い、どちらかと言うとヒジを畳んだままバットをボールのラインに入れてとらえ、フォロースルーで自然と伸びていくような感覚。良いスイングの表現として「前を大きく振る」という言葉がありますが、前を大きく振ろうとするのではなく、勝手に前が大きくなるのです。インパクトはあくまでも正面衝突。バットの芯とボールの芯をしっかりぶつけ合っています。

ちなみに、強いスイングというだけなら右打者がレフト、左打者がライトに引っ張っても良いのですが、そうすると手首をコネて引っ掛ける打球も増えてくる。これでは確率が低くなります。またいわゆる〝センター返し〟は基本だと言われますが、真っすぐ返そうとするとセンターの守備範囲に飛ぶイメージをしてしまいやすいのではないかと。少し左右にズラすことで、外野の間を抜いた長打のイメージが湧きやすい。これはあくまでも感覚の部分です。そういう意味で言うと、私たちは日常的に縦長の鳥カゴに入って打つ練習が多く、引っ張ったり流したりして打球が左右のネットに当たると、すぐ跳ね返ってきて面白くない。しっかり打てた実感が湧くのはやはりセンター方向を中心にしながら少し左右に飛ばせたときなので、目指しているバッティングに自然と合っている練習環境と言えます。

では、ここからは私たちが実際に行っている練習メニューの中から、基本としている部分をいくつか紹介します。

西尾流
基礎技術を作る練習

基本練習 キャッチボール

野球においてすべての技術の土台になるのが「キャッチボール」。練習では毎回必ずきっちりと時間を取って行っている。選手として伸びるためにはまず、「投げる」「捕る」という動作をしっかりと身に付けていくことが大事。特に「ボールを投げる」というのは専門的な技術で、体の各部位(特に股関節や肩関節など)を正しく使って力をスムーズに伝達するという意味でも重要だ。

上一色中の校庭は広いわけではなく、しかも大人数で同時にキャッチボールを行うため、どうしても一人ひとりのスペースが限られてしまう。そんな中で重視しているのは、短い距離で「いかに低くて強いボールを投げるか」。また、隣の人との間隔が狭いので、相手のグラブを目掛けてコントロールも意識していく。遠くに離れるのは最大でも40メートル程度だが、その距離をしっかりと投げられる能力があれば、高校野球のレベルでも十分に通用する。

なお、河川敷のグラウンドなどで活動する場合は、広大なスペースを利用して「遠投」も行う。長い距離で強いボールを投げることにより、今度は体を大きく使えるようにもなっていく。

バッティングの基本① 構え

×悪い構え　　○良い構え(横)　　○良い構え(正面)

バッティングの構えに正解はなく、基本的には強く振りやすいように構えていれば人それぞれの形で問題ない。ただし、中学生に多いのは背骨を真っすぐ立てた状態で構えた結果、カカト側に体重が掛かりすぎたままスイングしてバットが外角に届きにくいというケース。したがって、外角球が打てずに苦しくなってきた場合などは、指導者が構え方のアドバイスをしていくこともある。

右打者を例に挙げると、ポイントは右のお尻を後ろへ引いて右の股関節に上体を乗せること。そうすると骨盤が立ち、自然とつま先側に体重が乗って体が前に傾斜する。もちろん、打つときにつま先側へ体重をしっかり乗せられるのであれば真っすぐに構えていても良いのだが、その場合は外角に対して意識的に踏み込んで体を倒さなければならない。だが、あらかじめつま先側に体重を乗せて体を倒して構えておけば、わざわざ意識しなくてもバットが外角に届いて強いスイングができる。外角だからと言っていわゆる「アウトコース打ち」をするのではなく、そのままスイングするだけで外角球に対応できるわけだ。また、一番大事なのは強く振ってボールをしっかりとらえることなので、極端に逆方向を狙う必要もなく、意識は「右打者なら右中間、左打者なら左中間」。実際の結果としては、打球が引っ張り方向に飛んでも構わない。

バッティングの基本② バットの握り方

人によって手の大きさや握力なども違うため、バットの握り方も人それぞれ。基本的には「指で握る（フィンガーグリップ）」「手のひらと指の間の付け根で握る」「手のひらで握る（パームグリップ）」の３種類だが、右手と左手で違う握り方を組み合わせる人もいる。いずれにしてもバットを強く振るために、自分に合った握り方を見つけることが大切だ。

中学生の場合は握力がまだ十分でないケースも多いため、強く握って強い打球を飛ばしたい場合はパームグリップがオススメ。また、どうしても手のひらでしっかり握れないのであれば、親指でしっかりロックするという方法もある。

バッティングの基本③下半身の使い方

スイング動作については、下半身の使い方がかなり重要。後ろ足から前足（右打者の場合は右足から左足）に体重移動をさせなければボールにしっかりと力を伝えられないため、基本的には「前足で体を回す」という意識を持つ。

実際は後ろ足が回ったり動いたりすることもあるが、ボールを打つタイミングまではなるべく回さない。そうすることで外角にバットが届き、強いスイングで対応できる。前足を意識すると、体が前に突っ込んだり軸がブレたりすると思われがちだが、正しい使い方を覚えれば前足がしっかり止まってから鋭く回れるので、むしろスイングは安定する。逆に後ろ足の使い方だけ意識している人というのは、中学生の場合だとその場でクルッと回って体重を後ろに残しすぎていたり、あるいは勢いに任せて体重移動をして、前に突っ込みやすくなっているケースが多い。

また、つま先を着いてからカカトを踏んで打つ人もいれば、つま先とカカトを同時にドンッと踏んで打つ人もいるが、いずれにしても最後に前足を踏むことでスイングが始まっていくので、前足を使う意識は「タイミングよく振る」という部分にもつながる。前足のヒザが外側に割れると体が開いてスイングも遠回りしてしまうので、ステップ時は足裏が投手側へ向いていくイメージ。そしてつま先の内側から足を入れて着地し、左右の股関節がどちらも内側に捻られた状態（内旋）から体が回っていく。両足を絞りながら回ることで前足がしっかり止まり、後ろ足がスムーズに前へ送られていくのだ。状態としては、前足のヒザの裏に後ろ足のヒザが向いていけば良い。

なお、着地後は地面からの力を受け、スイングとともに曲がっていた前足のヒザがいくらか伸びていく。そのときに頭の位置が変わらない人もいれば、頭がやや後ろへ戻されて少しステイバックする人もいるのだが、前足をしっかり踏んで力を伝えられていれば良いわけで、形を意識する必要はまったくない。

バッティングの基本④スイング軌道

しだけ弧を描いて遠回りしながら落とす感覚がちょうど良い。このイメージで練習を重ねていくと、スイングがだんだん大きくなって強いライナーやフライが飛んでいく。

また、インパクトまで腕を伸ばさないというのは、言い換えれば「手首を返さずに打つ」ということ。そして、ボールをとらえた後に自然とバットが振られて伸びていく。軽いバットを打球方向へポーンと放り投げるように持っていけば、前が大きくなってより力強いスイングができる。もちろん、実際には腕を伸ばして打つときもあるのだが、自ら腕を伸ばして打とうとすると自然と手首の返しが強くなる。中学生の場合は手首をこねて引っ掛けた打球を打つケースが多いので、どちらかと言うと「手首を返さずに打つ」という意識が重要になる。

スイング軌道の部分で理想としているのは、投球のラインに対してバットをレベル(水平)に入れて、なおかつスイングを長くすること。そのためにはまず、右打者で言うと右肩の下あたりからキャッチャーミットの前あたりに向かってバットを入れていく。そして、投球のラインに合わせてやや後ろのほうから根こそぎ持っていくイメージで振る。インパクトまでは腕を伸ばさず、畳んだまま打っていくという意識が大切だ。

小中学生のうちはバットの重さに負けないようにしようと、構えたところから直線的なイメージで出していく人も多いが、それだとダウンスイング気味にボールを点でとらえることが多く、打球がなかなか上がらないので長打が出にくい。バットの出方としてはグリップエンドの向きを捕手側に入れ、少

〈バットを抱えて振る〉

●横から

●正面から

レベルスイングというのは地面と平行にバットを振るのではなく、両肩を結んだラインとスイングのラインが平行になっているということ。体を前傾させて構え、肩の下からキャッチャーミットの前にバットを落としていくと、自然と後ろの肩が落ちて体を斜めに回すことになるため、基本的にはやや下から振り上げていくようなスイングになる。バットだけを下から出そうとすると極端なアッパースイングになってしまうので、肩のラインとスイングのラインを合わせることが重要。そのバランスを整えるためには、両腕でバットを抱えて体をターンさせていくと良い。

バッティングの基本⑤ 芯で打つ

軟式用の複合バットは芯の幅が広く、高校野球でのバッティングには活かされない。したがって、普段のティーバッティングなどでは、竹バットでソフトボールを打つ習慣をつけている。

竹バットは芯の幅が狭いため、正しいスイングで、なおかつボールを芯でとらえるという技術を身に付けられる。またソフトボールを打つのは、打感をしっかり得られるというのが大きな理由。竹バットで軟式ボールを打っても打感が弱すぎて、芯でとらえている感覚が分かりにくいのだ。さらにソフトボールには重さがあるので、インパクトで伝わるパワーを養うこともできる。昔はバレーボールなどを打っていたこともあるが、的が大きすぎると軟式ボールへ戻ったときに芯でとらえる感覚が少しブレやすいので、ソフトボールくらいがちょうど良い。

バッティング練習① ティースタンド打ち

❶バットを落とす

ステップした前足のヒザの前あたりのラインにティースタンドを設置し、腕を伸ばす前にボールをとらえていく。ミートポイントを後ろにすることにより、バットを自然とキャッチャーミットの前あたりへ落とせるようにする練習。最初のうちはかなり窮屈になるが、手前のボールを目掛けて打つことで少しずつ弧を描いて落とせるようになる。900グラム以上のバットであれば重さを利用して落としやすくなるため、竹バットやトレーニングバット、バレルバットなどを使用する。

❷高めを打つ

ティースタンドの高さを上げ、高めのボール球に設定する。基本的にはバットを両腕に抱えた状態から打つようなスイングを目指しており、体が斜めになるので低めのボールは打ちやすい。ただ、気持ちよく打てるからと言ってそこばかり練習していると、高めが打てなくなってしまう。このスイングで高めを打つことを基準にしておけば、低めに対応するのはそう難しくない。その意識を高めるためにも、極端に高いボールを打つ練習を必ず入れていく。

ティースタンドに置いたボールを打ち、インパクト後に片手を離してもう一方の手だけでフォロースルーを取る。「右手を離す」「左手を離す」を交互に行うことで腕の使い方のバランスが良くなり、自然と前を大きく振れるようにもなっていくのだ。右打者の場合、右手を離して左手１本でフォロースルーを取ることはよくあるが、逆に左手を離して右手１本でフォロースルーを取る練習もしておくと、手首をこねるような使い方が改善されていく。打った後にバットを前へ投げるイメージで、実際にプラスチックバットを投げる練習も入れるとより感覚をつかみやすい。ティースタンドの位置は前足のヒザの前あたりだが、腕が伸びたほうが気持ちよく打てるため、練習していくうちにだんだん前へズレていきやすい。そうなってきたらまたスタンドの位置を戻し、バットを落として手首を返さない打ち方をまた意識するようにしていく。

❸手首を返さずに打つ

●右手を離す

●左手を離す

●プラスチックバット投げ

❹タイミングを合わせる

ネットを挟んでパートナーに立ってもらい、ピッチャーの投げる動作に合わせてティースタンドに置いたボールを打つ。それまで作り上げてきたスイングを、実際に投手が投げるタイミングに合わせて出せるかどうかという部分を磨いていく。ピッチャーの動作に対しては必ず「1、2～、3！」という掛け声をつけること。実戦のバッティングで大事なのはタイミング。スイングの形をただ作るだけではなく、ティーバッティングの段階ですでにタイミングを合わせる作業もしておけば、実戦につなげることができる。タイミングを合わせるポイントは人それぞれだが、基本的にはピッチャーの体が沈んでいるときに自分も沈んでいることが大切。そこから前足（人によっては手などでも良い）を使ってタイミングを探っていく感覚だ。

バッティング練習② 手投げの緩いボールを打つ

〈立ち投げ〉

〈イス座り投げ〉

短い距離で正面から「立ち投げ」や「イス座り投げ」をしてもらい、緩いボールを打っていく。投げ手は必ず「1、2～、3！」という掛け声を出すこと。「立ち投げ」であれば、少し距離を取ったところで高い位置からボールが向かってくるが、「イス座り投げ」で下からトスする場合はかなり近くで低い位置からボールが向かってくる。その中でも「1、2～、3！」という共通の掛け声を基準にしておけば、ボールが飛び出してくる高さや距離感、スピードなどが変わっても、自分のスイングのリズムを変えずにタイミングを合わせることができる。

バッティング練習③ マシン打ち

〈遅いストレートを打つ〉

〈変化球を打つ〉

マシンを設定して「遅いストレート」や「変化球」を打っていく。ボールを入れる人は必ず「１、２～、３！」と掛け声を出すこと。同じバッティング練習でもティースタンド、手投げ、マシンなど距離はすべてバラバラ。だが、共通の掛け声に合わせることで、打者は自分のリズムを考えながら微調整ができる。速いボールの場合だと惰性に任せて打ててしまうこともあるので、タイミングを合わせる感覚をしっかり身に付けるという意味でも、とにかく遅いボールを打つことが大切だ。なお、変化球の場合もストレートと打ち方はまったく同じ。あくまでも打つタイミングが変わるだけで、ボールが描いてくる軌道をイメージした上で、落ちてくるポイントを予測して振れば良い。

バッティング練習④ ピッチャーと対戦

マウンドと同じ高さの台を設置して実際にピッチャーが投げ、鳥カゴの中で打者と一対一の真剣勝負を行う。試合をイメージしたバッティング練習でもあるのと同時に、ピッチャーを育成する機会でもあるので、いろいろな人が投げることも大事。ストライクがなかなか入らないケースもあるが、その子をピッチャーとして育てるという意味では、経験をさせることに意味がある。また、打者のほうもただ思い切り振るだけではなく、実戦の感覚でボールを打ちに行ったり見逃したりするという判断の練習になる。

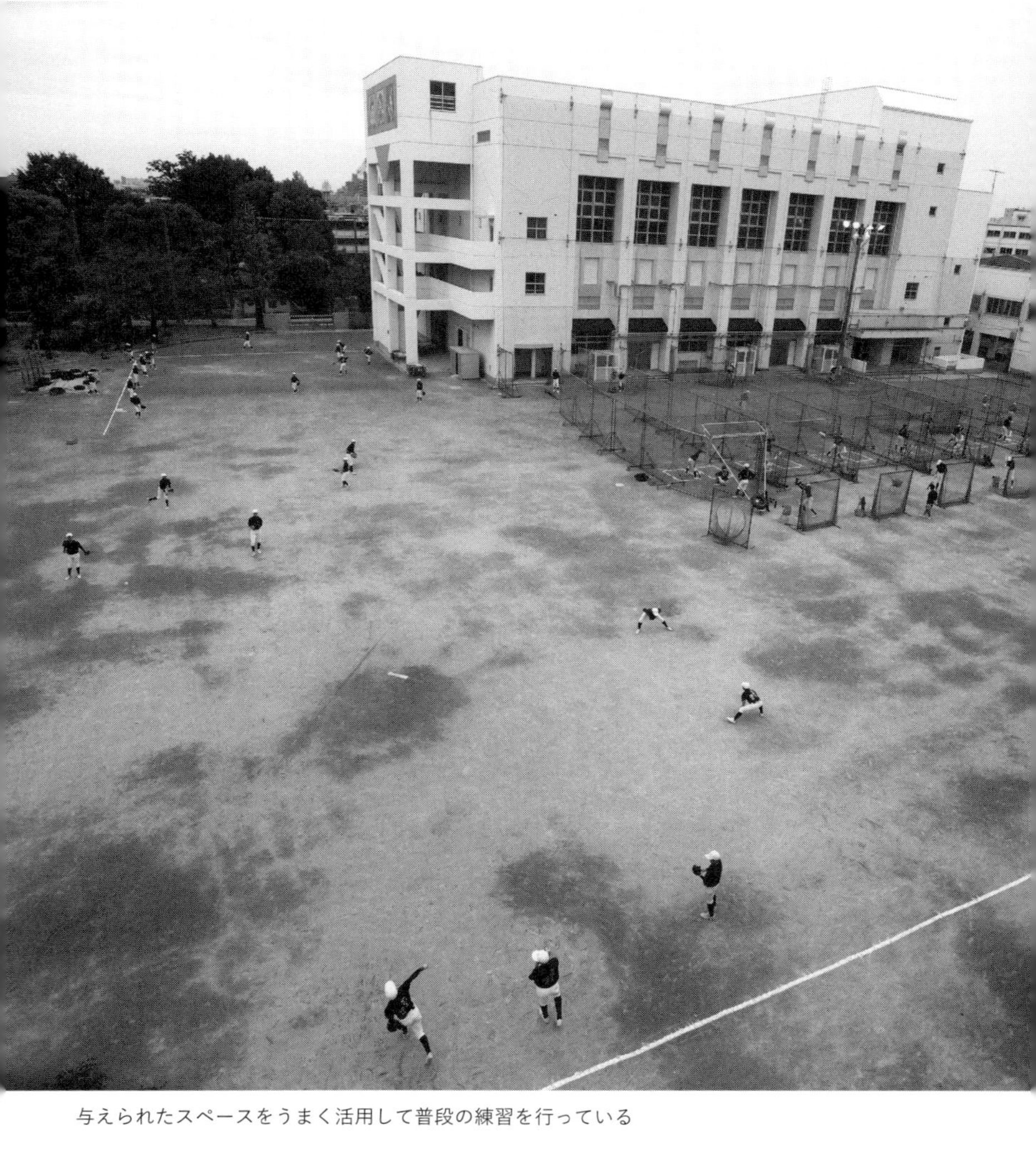

与えられたスペースをうまく活用して普段の練習を行っている

第5章

今後の中学野球が担う役割

高校野球も見据えて指導するのが中学野球の指導者としての役割

中学軟式野球の世界に足を踏み入れて36年。時代とともに私はさまざまな変化を見てきました。たとえば野球のスタイルにしても、昔は「なかなか点が入らない」ということを前提にして、ピッチャーを中心とした守備で粘り、攻撃ではバントやエンドランを多用。とにかくボールを無理にでも叩きつけてゴロで走者を進塁させていくスタイルが主流でした。しかし、そこから『ビヨンドマックス』など高反発の複合バットが全盛となり、さらに数年前からは打球が飛びやすくてバウンドが弾みにくいM号球へとボールの規格が変わり、ガンガン振って長打などを飛ばしていくスタイルのチームもたくさん台頭してきました。よほどの良いピッチャーでなければ試合展開もロースコアになるとは限らず、現在は「それなりに点が取れる」という野球になってきていると感じます。

その一方で、ここからはまたバットに規制が掛かる流れになってくると思いますし、再び一時期の細かい野球、スモールベースボールの時代がやってくるかもしれません。また、私たちの場合は「先の世界で通用する野球」を目指してきましたが、高校野球では低反発バットが導入され、明らかに打球が飛ばなくなってきたことでやはり野球のスタイルが変わってきています。そのバットに上手く対応しながら強打で攻めていくチームもあれば、バントなどの小技や進塁打でつなぐ野球にシフトするチームもある。「先を見据える」という意味では、今後、高校野球がどういう動きになっていくのかも見ておく必要があると思います。

ただ、いずれにしても中学軟式から高校へ上がっていく子は、そもそも硬式用のボールとバットに対応していかなければなりません。そう考えると、中学生のうちは複合バットで軟式ボールを打てていればそれで良いとか、目の前の試合で勝てる野球をすれば良いという発想ではダメで、やはり中学生のうちから硬式野球でもそのまま通用するようなバッティングを教え、900グラム程度の重いバットでもしっかり振り切れるような力をつけさせていき、試合でも思い切って強く振れるようにしてあげることが大事ではないかな、と。それこそが、中学野球を教える指導者としての役割ではないかと私は思っています。

じゃあ中学生の段階から硬式野球をやったほうが良いじゃないか、と思われるかもしれませんが、軟式野球にもメリットがあります。一番はボールが柔らかいので、ソフトタッチで持ってちょうど良い力感で投げることができるという点。成長期の中学生にとって、肩やヒジへの負担を減らしながら正しい投げ方を覚えられるというのはすごく大きなことでしょう。そういう意味では将来につながる競技だと思います。そして中学軟式が今後残っていくためにも、肝心なのはやはり、いかに先を見据えて指導できるか。そこはしっかりとこだわらなければなりません。

野球のボールを投げることで体の使い方の基礎を学べる

現代では子どもたちの問題点として、ボールを投げる力が落ちてきているという傾向がよく挙げられています。

昔はやはりみんなが外でいろいろな遊びをしていましたし、たとえばサッカーやバスケットボールなど他のスポーツをやっている子たちもたまに草野球やソフトボールをやったりしていたので、「投げる」という動作を経験していました。ところが、今はそもそも子どもたちが自由に外で遊べる環境が減っている上に、サッカーならサッカーだけ、バスケならバスケだけと、1つのスポーツに集中して取り組んでいるケースが多い。そういうことがボールを投げる力の低下につながっているのだと思います。たとえば中学の授業でソフトボールを見ていても、身体能力が高い子があまりにも変な投げ方をしていてビックリすることがよくありますし、また数年前には小学生時代にバドミントンで大活躍していた子が野球部に入ってきたことがありますが、やはりボールを投げるという技術に苦戦していました。

ただし、中学の野球部の新入生に関しては、最近の子どもたちは以前と比べて、「投げる」という部分の基礎がある程度できている印象があります。学童野球の指導者の方々も非常によく勉強されていますし、おそらくはその指導の賜物。また、野球人口が減っているからこそ、野球をしている子どもたちは野球のスクールなどに通ったりして、いろいろな人に教わることが増えたというのもあるかもしれません。いずれにしても、ボールを「投げる」というのは特殊な技術であり、しかしながら、正しく教えればしっかりと身に付けられるということです。さらに言えば、野球をやっている子は「投げる」という動作の基礎――つまり、全身を連動させて下から上へスムーズに力を伝える体の使い方――ができているので、スポーツ全般がわりとこなせるようになる。もちろん「野球だけ」になってしまったらまた弊害も出てくると思いますが、やはり野球というスポーツをもっと広めていくということは、すごく大切じゃないかと思うのです。

学校単位でなく地域単位で考えて野球チームの存続を模索する

この本の「はじめに」でもお伝えしましたが、中学校の部活動は現在「地域移行（地域展開）」が進められていて、大きな転換期に来ています。野球に関して言うと、まだまだやる気のある指導者の方々がたくさんいるのですが、部活動という形を残すためには外部指導員を入れなければならないので、すべてのチームが現状のまま存続するというのはなかなか難しい。10年後、20年後を見据えるのであれば、学校単位で部活動の運営を考えるのではなく、やはり地域単位、江戸川区なら江戸川区で合同の選抜チームを作るとか、あるいは希望者が入れるクラブチームを作っていくとか、そうやってみんなで力を合わせて共存していく道しかないのかなと感じています。

　私たちの場合は幸いにも部員数がもともと多かったため、ひとまず学校の部活動を丸ごとクラブチーム化する形でスタートしましたが、この先、人数が少なくなってきたらどうなるかはまったく分かりません。スタッフのほうはクラブ化のタイミングですでに外部から集まりましたが、さらに他の学校の先生が「一緒にやりたい」と入ってくる形もあるでしょうし、選手のほうも上一色中の生徒が単独で活動するのではなく、他の学校からもやりたい人がどんどん入って続いていけば良い。ベースはあくまでも上一色中野球部ですが、私たちが進めている方針のもとで、そこに賛同してくれる他の人たちも巻き込んでみんなでやれれば良いなと思っています。

部活動の現状として難しいのは、教員が担当する以上はやはり人事異動があること。公立校の異動年数はどんどん短くなってきており、そうなると同じ学校で腰を据えて長く指導することは現実的ではなく、当然ですがしっかりと伝統を作ることができません。たとえば野球に力を入れてやっている先生がいたとして、昔は「その先生が異動になるから、また次に新しく野球の指導ができる先生を引っ張りたい」と募集をしたりもしていたのですが、今はそれも難しくなっています。

どうやってチームを存続させていくか。みんなが模索する中で、最近ではいろいろなパターンが出てきました。たとえば増えてきたのは、「部活動の指導をするために教員になったけれども今後は難しいから」ということであえて管理職を希望し、新たにクラブチームを立ち上げて休日に指導をするという人。あるいは、教員を続けながら平日は他の部活動を担当し、やはりクラブチームを作って休日はそちらを指導。そういう人もいます。さらに周りから聞いている話では、考え方の合う先生同士が協力して4校で1つのクラブチームを運営しているケース。また新しいのは、地域の学童野球チームが新たに中学部も立ち上げ、地元にいる先生を指導者として立てて、そのままクラブチームとして活動を続けるというケース。この場合は人数もある程度確保できる上に、チームとしてもすでに形ができているのでスムーズに移行できます。

地域移行がスタートしてまだ間もないわけで、どういうスタイルのチームが生き残っていくのかはまだ分かりません。ただ、みんな必死で何とかしようと考え、熱い気持ちで行動を起こしていることは確かです。

人口が激減している中学校の野球部　打開するには行動を起こすしかない

上一色中野球部をクラブチーム化したことにより、少なからず変化を感じている部分はあります。

もともとはすべて学校生活の延長で活動できたため、あまり細かいことを考えずに済んでいたのですが、現在は平日（部活動）と休日（クラブチーム）で身に付けるものは分けなければならないですし、それまでのように学校の施設を自由に使うわけにはいかなくなるので制限も出てきますし、指導者の分担も考えなければならない。また、「野球部」として出場する大会の日程がクラブチームの活動日と重なることもあるため、そこでまた指導者の振り分けをどうするかとか、河川敷のグラウンドの予約をどうするかとか、そういった問題が出てきます。さらに保護者としても、それまでは毎日学校に行かせていれば良かったものが、今度はスケジュール、活動場所、指導者……いろいろなものがその都度変わってきますし、活動費の支払いも発生してくる。だからこそ、クラブ運営についてはどういう想いを抱いているのか、私たちがこれからその声をどんどん拾って参考にしていく必要があるとも思っています。

そして、選手たちも今のところはまだクラブ1年目で様子見をしているような雰囲気があり、実際にどう感じているのかは分かりません。そんな彼らの様子を見て、また彼らから話を聞いて、「野球部はこうだ」とか「クラブチームはこうだ」といった評判が伝わっていき、その年の小学校6年生が入部をどう判断するのか。一定の評価が下されるのはもう少し先のことになると思います。

と、私たちはまた新たな課題を突き付けられているような感じですが、その一方で、他のチームはまた別の悩みを抱えていたりもします。

周りの指導者の方々から私が聞く悩みとして一番多いのは、やはり選手が集まらずに存続が危うくなっているということです。ここに関してはそれぞれに事情があるので、私の意見が決して正解だとは言えません。ただ1つ言えることは、実際にクラブチームを立ち上げた人、何校かで話し合って合同チームを作った人、管理職になってもクラブチームを指導している人、地域のクラブチームの監督になった人……そうやって行動を起こしている人たちがいるわけで、直接話をして現場の生の声を聞くことが大事だと思っています。そうすれば、もちろんすぐに解決はしないかもしれませんが、さまざまな情報交換はできますし、ほんの少しでも何か新しい発見があるかもしれません。現状を受け止めてその流れに乗っていくだけでは、ただただ衰退していってしまう。とにかく何か行動を起こさなければ、打開することはできないのです。

なお、野球界全体の問題としては野球人口の減少が叫ばれていますが、公立中学の野球部の場合は特にその傾向が強くなっています。大きく影響しているのはまず、先述したように異動年数の短さ。昔は「指導に力を入れている先生がいる」ということで野球部に人が集まったものですが、今は同じ学校に長く滞在することが少なく、いわゆる名物指導者も生まれにくい。小6の段階で「あの先生は何年目だから入学しても最初の1年間しか見てもらえないのか。じゃあ野球部に入るのは止めよう」というケースも少なくありません。

それと、大打撃を受けたのは2020年以降のコロナ禍です。当時、中学校の野球部は全面的に活動禁止だったのですが、クラブチームであればそれぞれの判断で練習ができたため、それまで減少していた軟式のクラブチームが復活し、野球をやりたい子がそちらへどんどん流れていった。それがきっかけとなり、野球部の人数は激減していきました。さらに、最大でも週5日まで（平日のうち1日、および土日のどちらか1日は休まなければならない）という活動制限。そこに地域化という波が加わり、衰退に拍車が掛かっている状況です。

「楽しさ」を与えるのがクラブチームの役割
野球界の発展のためにみんなで共存していく

昔は日本国内で圧倒的な人気を誇った野球ですが、今は子どもたちの間で一番人気のスポーツだとは限りません。そんな中で興味を持ってもらうためには、やはり彼らが実際にグラウンドへ来て練習を見たときに「楽しそうだな」「このチームで野球がやってみたいな」と思えるかどうかが重要です。特に私たちのチームの場合、「やらされている練習」ではなく「自分たちで一生懸命に取り組んでいる練習」という部分がポイント。実際に入ったら今度はモチベーションがいろいろ変わっていくものですが、最初のきっかけとしては練習に魅力を感じて入部を決めるケースが大半です。

そして私自身、ここ数年は特に「選手が本当に楽しそうにやっているかどうか」を意識して指導してきました。選手が充実している姿を見るのは私にとってもモチベーションになりますし、だからこそ、あまり細かいことで文句を言ったり口を挟んだりはせず、伸び伸びやらせていく。そんな感覚で選手と接しています。

部活動というのは、昔は組織の中で規則を守るとか協調性を育むとか、そうやって小さい社会を学ばせる場所でもありました。では、そこからクラブチームになって役割はどう変わるのか。最近は軟式のクラブチームの関係者とも話す機会が多くなってきましたが、多くの人が「やっぱりクラブチームは楽しくないとダメなんだ」と仰っていました。そもそも活動するのは基本的に休日であって、そこで指導者がガンガン怒って厳しい練習をやっていたら、子どもたちはわざわざ「このチームに入って野球をやろう」とは思いません。厳しさが魅力になっているチームも当然あるとは思いますが、人を集めるためにはやはり「楽しい」と感じてもらえるかどうか。だからどうしても、試合をやることが多くなるのだと言っていました。

もちろん、私はこれまで教員として部活動をやってきた身であり、「K1BC」はその延長線上に立ち上げたクラブチームなので、基本的には学校教育の1つだというふうに考えています。ただし、クラブチームの役割として「楽しさ」を与えることも不可欠。ですから、今まで以上に練習の楽しさを味わわせていき、さらに自分が上手くなる楽しさ、その練習を続けていけば高校から先の世界でも通用するという楽しさを感じさせていきたいと思います。

最後に1つ。ここまで中学軟式の指導者の立場としていろいろと話してきましたが、最終的に子どもたちが選ぶのは、軟式でも硬式でもどちらでも良いと思っています。要は、本人が「このチームだったら楽しい野球ができて、その先の目標も考えて取り組んでいける」と思えるのであれば良いのです。そう言ってしまうと中学軟式の今後が危ぶまれるかもしれませんが、気概のある人たちがたくさんいる世界だということを私は知っているので、きっと生き残れるのではないかと信じています。そして、軟式であっても硬式であっても、野球部であってもクラブチームであっても、野球そのものが衰退化していかないように、横のつながりをしっかりと作っていくこと。みんなで手を取り合って共存する道を探していくことが、これからの野球界の発展につながるのではないかと思っています。

Kamichu
TOKYO

2025年春に岡山県で開催される全日本少年春季軟式野球大会出場を決めた上一色中

上一色中学校軟式野球部
上一色ベースボールクラブ

東京・江戸川区立上一色中学校野球部を率いていた西尾弘幸監督が、2024年春に「上一色ベースボールクラブ」を立ち上げた。平日は部活動、土日はクラブチームとしして活動している。高校、大学、社会人、プロで活躍する選手には硬式経験者が多いなか、関東圏の強豪高校に進学し、レギュラーとして活躍する選手が多い。アマチュア球界の名プレーヤーを育て上げ、プロも輩出している。

全国大会の実績

●**全国中学校軟式野球大会**
準優勝（21、16年）、3位（18、15年）

●**全日本少年軟式野球大会**
優勝（22年）

●**全日本少年春季軟式野球大会**
ベスト8（22年）、3回戦（23年）、2回戦（21、16年）、出場（20年）、出場予定（25年）

練習日程

月曜／トレーナー来校（オフ）
火曜／オフ
水・木・金曜／16:00〜18:00
土・日曜／練習試合・大会など

練習会場

上一色中学校グラウンド
都内河川敷グラウンド

著者

西尾弘幸

（にしお・ひろゆき）

1957年6月3日生まれ、東京都足立区出身。自身の野球歴は中学まで。82年に葛飾区立本田中学校に赴任し、89年に渋谷区立笹塚中学校へ転任して野球部顧問となる。93年には江戸川区立小松川第三中学校（現・小松川中学校）へ移り、野球部監督として都大会優勝5回、準優勝4回。2006年より同区立上一色中学校に赴任すると、野球部監督として『全国中学校軟式野球大会』で準優勝2回、4強2回。全国大会常連チームに育て上げ、22年の『全日本少年軟式野球大会』で初の日本一に輝いた。横山陸人（千葉ロッテ）、深沢鳳介（横浜DeNA）といったプロ野球選手も輩出している。24年3月いっぱいで教員を退職し、24年4月からは教員の働き方改革や少子化対策を背景に部活動の「地域移行」が推し進められている中、『上一色ベースボールクラブ』を立ち上げた。

プロをも輩出《はいしゅつ》する中学野球《ちゅうがくやきゅう》チーム
「上一色《かみいっしき》」の㊙育成法《まるひいくせいほう》

2024年11月30日　第1版第1刷発行

著者　西尾弘幸《にしおひろゆき》
発行人　池田哲雄
発行所　株式会社ベースボール・マガジン社
〒103-8482
東京都中央区日本橋浜町2-61-9　TIE浜町ビル
電話　03-5643-3930（販売部）03-5643-3885（出版部）
振替口座 00180-6-46620
https://www.bbm-japan.com/

印刷・製本　共同印刷株式会社

Printed in Japan
ISBN 978-4-583-11705-8　C0075